Les institutions représentatives du personnel

Ministère du Travail, des Relations sociales, de la Famille, de la Solidarité et de la Ville

ISBN : 978-2-11-007730-1

INTRODUCTION

Plus de 25 000 comités d'entreprise (CE) où siègent plus de 100 000 élus, autant de comités d'hygiène, de sécurité et des conditions de travail (CHSCT), près de 300 000 délégués du personnel, un peu plus de 40 000 délégués syndicaux, plus de 5 000 délégations uniques du personnel, assurent la représentation des salariés dans les entreprises. Qu'elles soient nommées par les organisations syndicales ou élues, directement ou indirectement par les salariés, chacune de ces institutions représentatives a son propre rôle à jouer.

Les missions des représentants du personnel sont en effet multiples et complexes : respect des droits collectifs, défense individuelle en cas de litige avec l'employeur, négociation sur les salaires, les conditions de travail ou sur l'égalité professionnelle, prévention des risques professionnels et actions en faveur de la sécurité au travail, information et consultation sur les décisions relevant de la direction de l'entreprise, gestion des activités sociales et culturelles en faveur du personnel, etc.
C'est dire l'importance de ces institutions et leur rôle primordial dans une époque où le dialogue social est, plus que jamais, une nécessité.

Pour mener à bien leurs missions, les représentants du personnel disposent de nombreux moyens d'action : moyens matériels (locaux, panneaux d'affichage, etc.) et moyens financiers (subventions, crédits d'heures, etc.). Ils peuvent circuler librement dans l'entreprise et surtout bénéficient d'une procédure particulière en cas de rupture de leur contrat de travail à l'initiative de l'employeur, destinée à les protéger contre les mesures que pourrait être tenté de prendre l'employeur à leur encontre en raison de l'exercice de leurs fonctions.

Il est donc indispensable que chaque interlocuteur soit parfaitement au courant de la législation actuelle. Telle est la vocation de ce guide qui, proposé par le ministère du Travail, des Relations sociales, de la Famille, de la Solidarité et de la Ville, comporte cinq chapitres. Le premier traite de l'élection des représentants du personnel et les quatre autres détaillent les attributions et les moyens de fonctionnement de chaque institution : délégués du personnel, CE, CHSCT et représentants syndicaux. L'ensemble des règles qui concernent la représentation des salariés dans les entreprises françaises est ainsi exposé de façon claire et précise dans un seul document.

Que vous soyez vous-même représentants du personnel, syndicaliste, employeur ou salarié, vous disposerez d'une information pratique, complétée par des fiches techniques destinées à approfondir ou illustrer les différents thèmes abordés.

Sommaire les

I - LES ÉLECTIONS DES REPRÉSENTANTS DU PERSONNEL (DÉLÉGUÉS DU PERSONNEL ET MEMBRES DU CE)

II - Les délégués du personnel

III - Le comité d'entreprise (CE)

IV - Le comité d'hygiène, de sécurité et des conditions de travail (CHSCT)

V - Le syndicat dans l'entreprise

LES FICHES

CHAPITRE I

LES ÉLECTIONS DES REPRÉSENTANTS DU PERSONNEL (DÉLÉGUÉS DU PERSONNEL ET MEMBRES DU CE)

Les entreprises atteignant un certain effectif doivent procéder aux élections des délégués du personnel et des membres du comité d'entreprise (CE).
Ces représentants sont élus par l'ensemble des salariés de l'entreprise au cours d'un scrutin à deux tours.
Ils sont choisis parmi des listes de candidats, présentés obligatoirement par les syndicats au premier tour, les candidatures étant libres au second tour.
L'organisation de ces élections suppose le respect de règles rigoureuses à toutes ses étapes (de la préparation des élections jusqu'à la proclamation des résultats) qui peuvent être précisées dans un accord préélectoral négocié entre les syndicats et l'employeur.

Les entreprises concernées

Où doit-on élire des représentants du personnel ?

Dans pratiquement toutes les entreprises...

Les dispositions relatives aux délégués du personnel et aux comités d'entreprise (CE) s'appliquent aux employeurs de droit privé ainsi qu'à leurs salariés.
Elles sont également applicables :

- aux établissements publics à caractère industriel et commercial (Epic) ;
- aux établissements publics à caractère administratif (Epa) lorsqu'ils emploient du personnel dans les conditions du droit privé.

Pour les Epic et les Epa, la législation relative aux délégués du personnel et au CE peut, compte tenu des caractères particuliers de certains de ces établissements et des instances de représentation du personnel éventuellement existantes, faire l'objet d'adaptations, par décrets, sous réserve d'assurer les mêmes garanties aux salariés de ces établissements

... qu'elles soient françaises ou étrangères...

Cette réglementation concerne toutes les entreprises ayant un établissement en France, quelle que soit leur nationalité.
À partir du moment où ils forment une collectivité de travail ayant des intérêts communs, les salariés employés en France constituent un établissement, peu importe la manière dont la société étrangère entend diriger cet établissement.

... à partir du moment où elles atteignent un certain effectif

Les entreprises occupant au moins onze salariés doivent élire des délégués du personnel. Dans celles comportant des établissements distincts, les délégués doivent être élus au niveau de chaque établissement distinct occupant au moins onze salariés.

Fiche 1

Fiche 1 L'institution d'un CE est obligatoire dans les entreprises occupant au moins 50 salariés. Dans les entreprises comportant des établissements distincts, un comité d'établissement doit être élu dans chaque établissement occupant au moins 50 salariés, un comité central d'entreprise devant alors être créé au niveau de l'entreprise elle-même. Un comité de groupe doit également être mis en place au niveau des groupes de sociétés formés par une entreprise dominante et les entreprises qu'elle contrôle ou sur lesquelles elle exerce une influence dominante *(voir p. 69)*.

→ *La mise en place de délégués du personnel ou d'un CE peut être prévue par voie conventionnelle dans les petites entreprises qui n'atteignent pas les effectifs exigés.*

Fiche 2 L'effectif est calculé selon les règles prévues par les articles L. 1111-2 et suivants du Code du travail. Il doit avoir été atteint pendant douze moins, consécutifs ou non, au cours des trois années précédant la date des élections lors de la mise en place de chaque institution. Pour son renouvellement, l'effectif se calcule à la date de l'élection.

Fiches 2 & 3 Les entreprises ou groupes d'entreprises de dimension communautaire peuvent mettre en place un comité d'entreprise européen (CEE). Il est également possible, dans les sociétés européennes, de mettre en place un comité de la société européenne. La loi n° 2008-89 du 30 janvier 2008 institue un dispositif similaire au niveau des sociétés coopératives européennes.

→ *Les comités centraux d'entreprise, les comités de groupe et les CEE sont composés de membres des comités des établissements considérés. Il ne s'agit donc pas de représentants supplémentaires élus par le personnel.*

Fiche 1 Dans les unités économiques et sociales (UES) reconnues par convention ou décision de justice, la mise en place de délégués du personnel et/ou d'un CE est également obligatoire dès qu'elles atteignent les seuils d'effectifs prévus pour chacune de ces institutions.

Dans les entreprises de moins de 200 salariés, l'employeur peut décider la mise en place d'une délégation unique pour le CE et les délégués du personnel. Dans ce cas, le délégué du personnel élu est amené à assurer les fonctions de membre du CE. L'employeur ne peut prendre cette décision qu'après avoir consulté les délégués du personnel et, s'il existe, le CE.

Dans les établissements occupant moins de onze salariés et dont l'activité s'exerce sur un même site (un centre commercial, une zone industrielle ou un immeuble de bureaux, par exemple) où sont employés durablement au moins 50 salariés, le directeur départemental du travail peut, de sa propre initiative ou à la demande des organisations syndicales, imposer l'élection de délégués du personnel (délégués de site) lorsque la nature et l'importance des problèmes communs aux entreprises du site le justifient. Les conditions de ces élections sont définies par accord entre l'autorité gestionnaire du site ou le représentant des employeurs concernés et les organisations syndicales de salariés. La validité de l'accord est soumise à une double condition de majorité, identique à celle applicable au protocole d'accord préélectoral (voir p. 27). *À défaut d'accord, le directeur départemental fixe le nombre et la composition des collèges électoraux, ainsi que le nombre des sièges et leur répartition entre les collèges.*

Fiche 5

Le nombre de représentants du personnel à élire

Le nombre de représentants à élire varie en fonction de l'effectif de l'entreprise ou de l'établissement. Les chiffres indiqués dans ce tableau sont des minima : des accords collectifs ou le protocole d'accord préélectoral peuvent fixer des dispositions plus avantageuses.

Effectif	Nombre de délégués du personnel				Nombre de membres du CE	
	Cas général		Cas particuliers*			
	Titulaires	Suppléants	Titulaires	Suppléants	Titulaires	Suppléants
11 à 25	1	1	1	1		
26 à 49	2	2	2	2		
50 à 74	2	2	3	3	3	3
75 à 99	3	3	4	4	4	4
100 à 124	4	4	5	5	5	5
125 à 149	5	5	6	6	5	5
150 à 174	5	5	7	7	5	5
175 à 199	6	6	8	8	5	5
200 à 249	6	6	6	6	5	5
250 à 399	7	7	7	7	5	5
400 à 499	7	7	7	7	6	6
500 à 749	8	8	8	8	6	6
750 à 999	9	9	9	9	7	7
1 000 à 1999	1 délégué supplémentaire par tranche de 250 salariés				8	8
2 000 à 2 999					9	9
3 000 à 3 999					10	10
4 000 à 4 999					11	11
5 000 à 7 499					12	12
7 500 à 9 999					13	13
10 000 et +					15	15

** Il s'agit du nombre de délégués à élire en cas de délégation unique du personnel (dans les entreprises de moins de 200 salariés) ou lorsque les délégués exercent les attributions économiques du CE ou celles du comité d'hygiène, de sécurité et des conditions de travail (CHSCT) en cas de carence de ces institutions.*

Quelle périodicité pour les élections ?

Une élection en principe tous les quatre ans...

Jusqu'à l'intervention de la loi n° 2005-882 du 2 août 2005 (JO du 3 août), la durée du mandat des représentants élus du personnel (délégués du personnel, membres élus du CE, du comité d'établissement ou du comité central d'entreprise) et des représentants du personnel désignés au comité de groupe était fixée à deux ans. Pour les élections intervenues après le 3 août 2005, cette durée est fixée à quatre ans. Un accord de branche, un accord de groupe ou un accord d'entreprise, selon le cas, peut, pour ces représentants du personnel, fixer une durée du mandat comprise entre deux et quatre ans (selon la Cour de cassation, cet accord doit avoir été conclu après l'entrée en vigueur de la loi du 2 août 2005 précitée).

Les représentants du personnel sont rééligibles. Leur mandat peut être prolongé :
• en cas de retard indépendant de la volonté de l'employeur ou des organisations syndicales dans le renouvellement des élections, par convention collective ou par accord particulier passé entre l'employeur et les organisations syndicales. L'accord collectif doit être unanime ;
• en cas d'organisation, pour la première fois, d'élections simultanées des délégués du personnel et des membres du CE (ou en cas de mise en place d'une délégation unique du personnel).

... à la même date...

L'élection des délégués du personnel et des membres du CE a lieu simultanément, à la même date, mais les deux scrutins restent distincts.

➔ *Le principe de simultanéité des élections des délégués du personnel et des membres du CE n'implique pas que ces élections doivent avoir lieu à la même date dans tous les établissements d'une même entreprise.*

Dès que la mise en place de l'institution devient obligatoire, c'est-à-dire lorsque l'entreprise atteint le seuil d'effectif prévu, l'employeur doit en informer le personnel par affichage. Le premier tour des élections a lieu au plus tard dans les quarante-cinq jours suivant cet affichage.
En cas de renouvellement, la procédure doit être engagée dans le mois précédant la fin du mandat, le premier tour des élections devant avoir lieu dans les quinze jours précédant l'expiration de ce mandat.

➔ *Des élections partielles doivent également avoir lieu si un collège électoral n'est plus représenté ou si le nombre de titulaires est réduit de moitié ou plus* (voir précisions p. 58 et p. 105). ! Fiche 6

... et à l'initiative de l'employeur

L'initiative des élections incombe à l'employeur. S'il ne respecte pas cette obligation, il peut être « invité » à le faire soit par un salarié de l'entreprise soit par une organisation syndicale. L'employeur est alors tenu d'engager le procédure d'organisation des élections dans le mois suivant la réception de la demande. Il doit en informer le personnel, par voie d'affichage précisant la date envisagée pour le premier tour des élections et inviter les organisations syndicales à négocier un protocole d'accord préélectoral *(voir p. 25)* et à établir leurs listes de candidats *(voir p. 18)*.

➔ *Lorsque l'institution n'a pu être mise en place ou renouvelée (carence de candidats au premier et au deuxième tour, défaut de quorum), un procès-verbal de carence doit être établi par l'employeur et adressé à l'inspection du travail compétente pour l'établissement, dans un délai de quinze jours. Un modèle de procès-verbal de carence est disponible sur le site Internet* www.travail-solidarite.gouv.fr *(rubrique « Formulaires en ligne »). L'employeur doit également afficher le PV de carence dans l'entreprise et en transmettre un exemplaire, dans les quinze jours, au prestataire choisi par le ministère du Travail, des Relations sociales, de la Famille, de la Solidarité et de la Ville, chargé de la centralisation des résultats électoraux :*
SMSI - Élections des représentants du personnel
Le Bourg
15220 Saint-Mamet-la-Salvetat
Adresse valable jusqu'au 31 décembre 2009 – au-delà, se renseigner sur le site www.travail-solidarite.gouv.fr *ou auprès de la DDTEFP). Un modèle type de PV de carence est disponible sur le site du ministère en charge du Travail (*www.travail-solidarite.gouv.fr *- rubrique « formulaires »).*

L'électorat

Qui peut-être électeur ?

Les salariés de l'entreprise...

Première condition *sine qua non* pour voter aux élections des délégués du personnel et des représentants élus du personnel au CE : il faut être lié à l'entreprise par un contrat de travail. Peu importe :

- le mode de rémunération (cachet, pige, etc.) ;
- la nature et la durée du contrat de travail : contrat à durée indéterminée (CDI) ou à durée déterminée (CDD), à temps plein ou à temps partiel, contrat d'apprentissage, contrat de professionnalisation, contrat initiative-emploi, contrat d'accompagnement dans l'emploi, etc. ;
- le lieu de travail. Les travailleurs à domicile peuvent ainsi voter au même titre que les autres salariés, même s'ils sont amenés, en général, à voter par correspondance. Les travailleurs itinérants sont inscrits sur les listes électorales de l'établissement principal de l'entreprise ;
- le fait que le contrat de travail soit suspendu au moment des élections. Un salarié absent pour maladie, mise à pied, au chômage technique ou en congé, peut très bien voter, éventuellement par correspondance. Même un salarié n'exerçant plus d'activité dans l'entreprise peut être électeur à partir du moment ou il continue à percevoir une rémunération de l'employeur (salarié en préretraite, par exemple) ;
- que le salarié travaille pour plusieurs employeurs. Un tel salarié sera électeur dans toutes les entreprises dans lesquelles il justifie des conditions d'électorat (cas des VRP multicartes, par exemple). En revanche, un salarié travaillant dans plusieurs établissements d'une même entreprise votera uniquement dans l'établissement où il exerce sa principale activité.

➔ *Les salariés en cours de licenciement restent également électeurs jusqu'à la fin de leur préavis, même si leur employeur les a dispensés d'effectuer ledit préavis.*

Tous les travailleurs de l'entreprise ne sont cependant pas électeurs :

- les stagiaires qui n'ont pas la qualité de salarié (jeune effectuant un stage dans le cadre de sa scolarité, par exemple) ne peuvent voter ;

• les intérimaires ne sont pas électeurs dans l'entreprise utilisatrice mais dans leur entreprise de travail temporaire, à condition qu'ils soient encore liés par un contrat de mission au moment de l'établissement des listes électorales ;
• les dirigeants d'entreprise ne peuvent pas participer au vote. Sont considérés comme dirigeants : le chef d'entreprise, les membres du directoire d'une société anonyme, même s'ils cumulent leur mandat avec un contrat de travail, ainsi que les salariés détenant des pouvoirs leur permettant d'être assimilés au chef d'entreprise. Il s'agit des cadres classés dans le collège employeurs aux élections prud'homales, c'est-à-dire « ceux qui détiennent sur un service, un département ou un établissement de l'entreprise une délégation particulière d'autorité, établie par écrit, permettant de les assimiler à l'employeur ». Attention toutefois : si ces cadres sont exclus de l'électorat (et de l'éligibilité) aux fonctions de délégués du personnel et de membres du CE pour la durée d'exercice de cette délégation particulière, ils doivent néanmoins être comptabilisés dans les effectifs de l'entreprise ou de l'établissement, dès lors qu'ils ont la qualité de salarié.

→ *Pour les salariés mis à disposition qui remplissent les conditions mentionnées au 2° de l'article L. 1111-2 du Code du travail, c'est-à-dire les conditions pour être décomptés dans les effectifs de l'entreprise utilisatrice (être présents dans les locaux de l'entreprise utilisatrice et y travailler depuis au moins un an), la condition de présence dans l'entreprise utilisatrice est de douze mois continus pour y être électeur. Les salariés mis à disposition qui remplissent ces conditions choisissent alors s'ils exercent leur droit de vote dans l'entreprise qui les emploie ou l'entreprise utilisatrice.*

... agés de 16 ans accomplis...

Pour être électeur, il suffit d'avoir seize ans accomplis au jour du premier tour de scrutin.

... travaillant depuis au moins trois mois dans l'entreprise...

Sont électeurs les salariés ayant un minimum de trois mois d'ancienneté dans l'entreprise à la date du premier tour de scrutin.
La suspension du contrat n'a pas pour effet d'annuler l'ancienneté acquise avant cette suspension. Il suffit, dans ce cas, de prendre en compte l'ancienneté déjà acquise avant la suspension du contrat et de l'additionner avec celle acquise du jour de la reprise du travail au jour du scrutin. Parfois, les périodes de suspension doivent même être comptabilisées dans l'ancienneté lorsque la loi le prévoit (absence pour accident du travail, congé de maternité ou de formation, par exemple).

En cas de contrats de travail successifs continus (suite de contrats à durée déterminée, par exemple), il faut additionner la durée de tous les contrats. En cas de contrats successifs mais discontinus (cas des travailleurs saisonniers), l'ancienneté peut également être considérée au titre des différents contrats.

➔ *La durée de trois mois d'ancienneté peut être réduite :*
- *soit par convention collective ou par le protocole préélectoral :*
- *soit par l'inspecteur du travail, après consultation des organisations syndicales représentatives, notamment dans le cas où cette condition aurait pour effet de réduire le nombre d'électeurs à moins des deux tiers de l'effectif de l'établissement.*

... et jouissant de leurs droits civiques

Pour pouvoir voter, le salarié ne doit avoir fait l'objet d'aucune interdiction, déchéance ou incapacité relative à ses droits civiques (vol, escroquerie, recel, abus de confiance, agressions sexuelles, etc.).
Les salariés sont présumés jouir de leurs droits civiques, sauf preuve contraire. L'employeur ne peut donc exiger des électeurs la production d'un extrait du casier judiciaire ou de leur carte d'électeur. S'il a un doute sur ce point, il ne peut que s'adresser au tribunal d'instance qui en vérifiera le bien-fondé.

➔ *Toutes les conditions requises pour pouvoir voter sont appréciées à la date du premier tour du scrutin.*

Comment les listes électorales sont-elles établies ?

Les listes sont établies par l'employeur...

C'est à l'employeur qu'il appartient de procéder à l'établissement des listes électorales, bien qu'aucun texte ne le prévoie. C'est, en effet, la seule personne dans l'entreprise qui possède tous les renseignements nécessaires pour mener à bien cette tâche.

... qui doit respecter certaines règles

■ L'employeur doit établir une liste pour chaque collège regroupant les électeurs de ce collège, tel que répartis par l'accord préélectoral ou le directeur départemental du travail, de l'emploi et de la formation professionnelle (DDTEFP).

➔ *Les listes sont établies pour les deux tours et ne peuvent être modifiées après le premier tour. Toutefois, si la liste électorale est établie pour les deux tours, lorsque l'effectif se modifie après la publication de cette liste, il appartient à l'employeur de l'actualiser, la publication de la liste modifiée devant intervenir au plus tard le quatrième jour avant la date du scrutin.*

■ À défaut de dispositions spécifiques figurant dans l'accord préélectoral, les listes doivent mentionner :

- les noms et prénoms des inscrits ;
- leur date d'entrée dans l'entreprise ;
- leur date de naissance.

➔ *La Cour de cassation estime que l'adresse des salariés n'a pas à figurer sur la liste électorale puisque cette mention n'intervient en rien pour déterminer la qualité d'électeur et permettre le contrôle de la régularité des listes électorales. Une exception doit toutefois être faite pour le cas des travailleurs à domicile.*

■ Aucun délai n'est fixé pour l'établissement des listes électorales. L'employeur doit cependant s'y prendre suffisamment à l'avance pour pouvoir les publier au moins quatre jours avant la date des élections.

Cette publication se fait généralement par voie d'affichage. Toute autre modalité de publication peut être reconnue valable dès lors qu'elle n'a pu fausser le résultat des élections.

Contentieux

La régularité d'une liste électorale peut être contestée par tout électeur, un candidat, un syndicat ou par l'employeur lui-même. Cette action doit être portée devant le tribunal d'instance dans les trois jours suivant la publication de la liste électorale.
Toutefois, si l'irrégularité d'une liste a pu fausser la régularité des opérations électorales, il est toujours possible d'exercer un recours dans les quinze jours suivant l'élection. Selon la Cour de cassation *(Cass. soc., 9 juillet 2008)*, le délai de quinze jours pour contester la régularité des élections court à compter de la proclamation nominative des élus.

L'éligibilité

Qui peut présenter sa candidature ?

Les salariés inscrits sur la liste électorale...

Pour se présenter aux fonctions de délégué du personnel ou de représentant élu du personnel au CE, il faut figurer sur la liste des électeurs à ces mêmes élections. La non-inscription sur la liste électorale prive le salarié concerné de la qualité d'électeur qui est l'une des conditions de l'éligibilité, peu importe que l'omission ait été faite intentionnellement ou par erreur.
Il est également nécessaire de faire encore partie de l'entreprise à la date du scrutin. Une personne inscrite sur les listes électorales mais qui ne fait plus partie de l'entreprise au moment du vote ne peut être élue.

→ *Un salarié n'est éligible que dans l'établissement auquel il appartient et dans son collège électoral (un salarié inscrit sur la liste électorale du collège ouvriers-employés ne peut se faire élire sur une liste de candidats cadres).*

Les salariés travaillant à temps partiel simultanément dans plusieurs entreprises ne sont éligibles que dans l'une de ces entreprises. Ils choisissent celle dans laquelle ils font acte de candidature.

... âgés de 18 ans accomplis...

Pour être éligible, il faut être majeur, c'est-à-dire avoir dix-huit ans accomplis le jour du premier tour du scrutin.

... ayant au moins un an d'ancienneté...

Selon la loi, ne sont éligibles que les salariés ayant travaillé dans l'entreprise depuis au moins un an. Pour les élections organisées après le 3 décembre 2005, il n'est plus exigé que cette durée soit ininterrompue.

La jurisprudence précise que la suspension du contrat n'annule pas l'ancienneté précédemment acquise, même lorsque cette suspension n'est pas prise en compte dans le calcul de ladite ancienneté. De même, un salarié absent au moment de l'élection peut être élu dès lors que son contrat de travail n'est que suspendu.
Dans les entreprises de travail temporaire, la condition d'ancienneté est réduite à six mois pour les salariés temporaires. Cette condition est appréciée en totalisant l'ensemble des missions réalisées par l'intéressé au cours des dix-huit mois précédant l'élection. Ce délai est réduit à six mois en cas de création d'entreprise ou d'ouverture d'établissement.

➔ *Les conditions d'ancienneté peuvent être réduites :*
- *par voie conventionnelle ;*
- *par l'inspecteur du travail, après consultation des syndicats représentatifs, dans le cas où l'application de ces dispositions conduirait à une réduction du nombre de candidats possibles empêchant l'organisation normale des élections.*

Pour les élections des délégués du personnel, les salariés mis à disposition sont éligibles dans l'entreprise utilisatrice s'ils remplissent les conditions pour être décomptés dans les effectifs de cette entreprise *(voir p. 16)* et s'ils y sont présents depuis vingt-quatre mois continus. Le salarié mis à disposition qui remplit ces conditions, doit choisir l'entreprise dans laquelle il exerce ce droit. En revanche, les salariés mis à disposition ne sont jamais éligibles au CE de l'entreprise utilisatrice ; cette règle de l'inéligibilité s'applique également pour la délégation unique du personnel *(voir p. 161)* en tant qu'elle exerce les attributions du CE.

... ne faisant pas partie de la famille de l'employeur...

Les parents de l'employeur titulaires d'un contrat de travail dans l'entreprise sont inscrits sur les listes électorales au même titre que les autres salariés. S'ils peuvent voter, certains d'entre eux ne peuvent toutefois se faire élire. Il en est ainsi du conjoint, du partenaire d'un Pacs, du concubin, des ascendants (parents, grands-parents), des descendants (enfants, petits-enfants), des frères et des sœurs, des alliés au même degré (belles-mères, beaux-pères, belles-filles, gendres, belles-sœurs, beaux-frères) du chef d'entreprise ou du chef d'établissement, selon le cadre de l'élection.

… jouissant de leur capacité électorale

Les candidats doivent jouir de la capacité électorale exigée pour être électeur *(voir p. 17)*.

Qui présente les listes de candidats ?

Au premier tour, des listes présentées par les syndicats

Depuis la réforme opérée par la loi du 20 août 2008 « portant rénovation de la démocratie sociale et réforme du temps de travail » (JO du 21 août), le premier tour du scrutin des élections professionnelles est ouvert à toutes les organisations syndicales qui doivent être invitées à négocier le protocole préélectoral *(voir p. 25)*, c'est-à-dire :

Fiche 6
- les syndicats représentatifs dans l'entreprise ;
- les syndicats affiliés à une organisation reconnue représentative aux niveaux national et interprofessionnel ;
- tout syndicat qui satisfait aux critères de respect des valeurs républicaines et d'indépendance, légalement constitué depuis au moins deux ans, et dont le champ professionnel et géographique couvre l'entreprise ou l'établissement concernés.

→ *Les dispositions visées ci-dessus entrent en vigueur lors des premières élections professionnelles organisées postérieurement au 21 août 2008 (date de publication de la loi du 20 août précitée).*

Le fait que les listes soient présentées par des syndicats n'implique pas que les candidats fassent automatiquement partie dudit syndicat. Les syndicats peuvent présenter :
- leurs propres adhérents ;
- des salariés non syndiqués ;
- et même des salariés adhérents à une autre organisation syndicale.

En revanche, un syndicat ne peut présenter la candidature d'un salarié sans son accord.

Au deuxième tour, les candidatures sont libres

Les syndicats ne disposent plus de monopole au second tour des élections. Sont donc admises les listes présentées par :

• des organisations syndicales ne répondant pas aux critères exigés pour présenter des candidats au premier tour *(voir p. 22)* ;
• des organisations non syndicales (associations loi 1901, par exemple) ;
• des candidats libres. Ceux-ci n'ont pas besoin de se regrouper entre eux pour présenter une liste commune. Chaque candidature peut être considérée comme une liste à part entière.

Les listes présentées au premier tour sont toutefois maintenues, sauf si les organisations syndicales qui les ont présentées décident de les retirer.

Des listes distinctes pour chaque collège

Les listes sont établies par collèges électoraux. Elles ne doivent donc comporter que des candidats appartenant au collège considéré (collège ouvriers-employés, maîtrise ou cadre).

Comment les listes de candidats sont-elles établies ?

Des listes séparées pour les titulaires et les suppléants...

Le vote devant être séparé pour les membres titulaires et les membres suppléants, il est donc nécessaire d'établir des listes titulaires et des listes suppléants.

➔ *Il est possible de se présenter à la fois sur la liste des titulaires et sur celle des suppléants. Si le candidat est élu sur les deux listes, il devra obligatoirement choisir les fonctions de titulaire, le cumul entre la fonction de titulaire et celle de suppléant étant interdite.*

... devant respecter certaines règles

Les listes de candidatures ne peuvent comprendre un nombre de candidats supérieur à celui des sièges à pourvoir. En revanche, elles peuvent comprendre moins de noms que de sièges à pourvoir. Elles peuvent même ne comporter qu'un seul nom (cas des candidats libres, par exemple). Elles doivent comporter les noms et prénoms des candidats.

L'information de l'employeur et des salariés

La loi ne prévoit aucune disposition particulière en ce qui concerne le dépôt des listes et leur publicité. Ces modalités peuvent être prévues par l'accord préélectoral. À défaut, il est préférable :

• d'envoyer les listes à l'employeur par lettre recommandée ou de les lui remettre en main propre contre récépissé. En effet, la date de réception des listes de candidature marque le point de départ de la protection spécifique dont bénéficient les candidats aux élections professionnelles. Il est donc important que cette date puisse être prouvée en cas de litige ;

Fiche 7

• d'afficher les listes de candidats sur les panneaux d'information à l'intérieur des établissements.

Les listes de candidats ne peuvent être portées à la connaissance de l'employeur avant la signature du protocole d'accord préélectoral. Elles ne doivent pas, par ailleurs, être déposées après une date incompatible avec l'organisation du scrutin.

Contentieux

Toute contestation sur l'éligibilité des candidats doit être portée devant le tribunal d'instance dans un délai maximum de quinze jours après la proclamation du résultat des élections, c'est-à-dire la proclamation nominative des élus.

La préparation des élections

Qu'est ce que le protocole d'accord préélectoral ?

Un accord négocié avec les syndicats...

Les modalités de l'élection sont déterminées dans un protocole d'accord préélectoral négocié entre l'employeur et les organisations syndicales « intéressées ». Doivent ainsi être invitées par l'employeur à négocier ce protocole les mêmes organisations syndicales que celles habilitées à présenter des candidats au premier tour des élections professionnelles, c'est-à-dire :

- les organisations syndicales reconnues représentatives dans l'entreprise ou l'établissement, celles ayant constitué une section syndicale dans l'entreprise ou l'établissement, ainsi que les syndicats affiliés à une organisation syndicale représentative au niveau national et interprofessionnel ; l'invitation se fait par courrier ;
- les organisations syndicales qui satisfont aux critères de respect des valeurs républicaines, et d'indépendance, légalement constituées depuis au moins deux ans et dont le champ professionnel et géographique couvre l'entreprise ou l'établissement concernés ; l'invitation se fait par voie d'affichage.

Si l'employeur ne s'acquitte pas de cette formalité, les élections peuvent être annulées.

➔ *Les dispositions visées ci-dessus, issues de la loi du 20 août 2008 « portant rénovation de la démocratie sociale et réforme du temps de travail » (JO du 21 août), entrent en vigueur lors des premières élections professionnelles organisées postérieurement au 21 août 2008 (date de publication de la loi du 20 août précitée).*

➔ *L'organisation des élections peut avoir été prévue par la convention collective de l'entreprise ou un simple accord d'entreprise ou d'établissement. Toutefois, même dans une telle situation, l'employeur doit inviter les organisations syndicales mentionnées ci-dessus à négocier le protocole d'accord préélectoral.*

Le protocole n'est, en principe, valable que pour les élections en vue desquelles il a été conclu. La reconduction tacite d'un précédent protocole est cependant admise si aucun syndicat ne l'a dénoncé, cette dénonciation n'étant pas soumise aux conditions habituelles de dénonciation des accords collectifs.

... qui fixe les règles d'organisation des élections...

Le protocole doit obligatoirement fixer les règles concernant :

- la répartition du personnel dans les différents collèges électoraux ;
- la répartition des sièges entre les différents collèges ;
- les modalités d'organisation et de déroulement du scrutin : date des élections, nombre et composition des bureaux de vote, heures d'ouverture, etc. *(sur le contenu du protocole d'accord préélectoral en cas de recours au vote par voie électronique, on se reportera aux précisions figurant dans la fiche n° 10).*

Il détermine également les établissements distincts dans lesquels seront mis en place des comités d'établissement et prévoit la répartition des sièges entre les différents établissements et les différentes catégories au comité central d'entreprise.

Le protocole peut également contenir des clauses plus favorables aux salariés que les dispositions légales ou conventionnelles : augmentation du nombre de représentants du personnel, suppression de la condition d'ancienneté pour être éligible ou électeur, etc.

Il peut également modifier le nombre et la composition des collèges électoraux, sous réserve de l'accord unanime de toutes les organisations syndicales représentatives dans l'entreprise, et préciser les détails de l'organisation du scrutin, les détails d'établissement de la liste électorale, la date limite de présentation des candidatures, les modalités de vote par correspondance, par exemple.

Fiche 6

En revanche, le protocole ne peut contenir des dispositions défavorables aux salariés : clauses modifiant l'ordre de proclamation des résultats, excluant les salariés à temps partiel des listes électorales ou modifiant le nombre minimal de représentants à élire et la durée des mandats, par exemple.

→ *À l'occasion de l'élaboration du protocole d'accord préélectoral, les organisations syndicales intéressées doivent examiner les voies et moyens en vue d'atteindre une représentation équilibrée des femmes et des hommes sur les listes de candidatures.*

... et doit être signé par les différentes parties

Le protocole doit être signé par le chef d'entreprise ou le chef d'établissement (ou son représentant mandaté à cet effet). Ce mandat peut être verbal s'il résulte des fonctions même de la personne concernée (DRH, par exemple). Dans les autres cas, il est préférable d'établir un mandat écrit.
La validité du protocole d'accord préélectoral est, d'une manière générale, subordonnée à une double condition de majorité :
• il doit être signé par la majorité des organisations syndicales ayant participé à sa négociation, c'est-à-dire par les organisations syndicales intéressées ;
• parmi ces organisations signataires, il doit y avoir les organisations syndicales représentatives ayant recueilli la majorité des suffrages exprimés lors des dernières élections professionnelles, ou lorsque ces résultats ne sont pas disponibles, la majorité des organisations représentatives dans l'entreprise.
Cette double condition de majorité, issue de la loi du 20 août 2008 précitée, est désormais le principe pour :
• la répartition du personnel entre les collèges ;
• la répartition des sièges entre les collèges ;
• la détermination des établissements distincts ;
• la perte de la qualité d'établissement distinct ;
• les conditions de mise en place des délégués de site ;
• l'augmentation du nombre de membres du CE.

Pour les autres dispositions du protocole (par exemple, les modalités d'organisation et de déroulement des opérations électorales), le principe d'un simple accord avec les organisations syndicales intéressées, c'est-à-dire avec les syndicats mentionnés page 25, est maintenu, tandis que pour d'autres (par exemple, le nombre et la composition des collèges) le principe d'un accord avec l'ensemble des organisations syndicales représentatives existant dans l'entreprise reste exigé.

La loi prévoit un certain nombre de dispositions pour le cas où les conditions de validité du protocole d'accord préélectoral ne seraient pas réunies. Ainsi, par exemple, dans une telle situation :
• les modalités d'organisation et de déroulement des opérations électorales peuvent être fixées par une décision du juge d'instance statuant en dernier ressort en la forme des référés ;
• le nombre d'établissements distincts est fixé par le directeur départemental du travail, de l'emploi et de la formation professionnelle (DDTEFP) du siège de l'entreprise.

S'agissant du protocole d'accord préélectoral, la Cour de cassation a été amenée à préciser les points suivants :

• la partie qui a signé un accord électoral n'est pas recevable à en contester l'application en justice ;

• le syndicat qui a présenté des candidats aux élections professionnelles est réputé adhérer au protocole même s'il ne l'a pas signé. Toutefois, cette présomption ne joue que dans la mesure où ledit syndicat n'a pas exprimé de réserves. Dans le cas contraire, le tribunal d'instance, qui a constaté que les syndicats avaient, dès la présentation des candidatures, émis des réserves sur le nombre d'établissements résultant du protocole, a pu décider qu'ils étaient recevables à contester la régularité des élections.

Comment les collèges électoraux sont-ils déterminés ?

Un, deux ou trois collèges...

En principe, le personnel est réparti en deux collèges électoraux :
• un premier collège constitué par les ouvriers et employés ;
• un deuxième collège composé des ingénieurs, chefs de service, techniciens, agents de maîtrise et assimilés.

La loi écarte cependant ce principe dans deux cas particuliers :
• pour l'élection des délégués du personnel : dans les établissements ne dépassant pas vingt-cinq salariés appelés de ce fait à n'élire qu'un seul délégué titulaire et un seul délégué suppléant, ces délégués sont élus par un collège unique regroupant l'ensemble du personnel ;
• pour l'élection du CE : un collège spécial cadre doit être constitué dans les entreprises où le nombre des ingénieurs, chefs de service et cadres est au moins égal à vingt-cinq. Il y a alors trois collèges distincts : le collège des ouvriers et des employés, le collège des agents de maîtrise et celui des cadres.

Le nombre et la composition des collèges électoraux ne peuvent être modifiés par une convention, un accord collectif de travail, étendus ou non, ou un accord préélectoral que lorsque la convention ou l'accord est signé par toutes les organisations syndicales représentatives existant dans l'entreprise. Toutefois, un tel accord, même unanime, ne peut prévoir la suppression du collège « spécial cadre », lequel est d'ordre public dès lors que sa constitution est obligatoire eu égard à l'effectif de cadres dans l'entreprise (au moins vingt-cinq cadres, *voir ci-dessus*). L'accord préélectoral est obligatoirement transmis à l'inspecteur du travail.

... dans lesquels sont répartis les salariés

La répartition des salariés de l'entreprise au sein des différents collèges figure obligatoirement dans le protocole d'accord préélectoral et relève de la « double majorité » mentionnée page 27.
Cette répartition se fait en fonction de la nature de l'emploi effectivement occupé. Pour être classé dans le collège cadres, le salarié doit donc occuper un poste exigeant une certaine technicité (cadre fonctionnel) ou exercer une fonction de commandement (cadre hiérarchique), peu importe le titre donné par l'employeur ou le niveau de rémunération de l'intéressé. Ainsi un salarié qui perçoit un salaire supérieur à celui d'autres collègues et/ou à qui l'employeur attribue le titre de chef, ne sera pas classé dans le collège cadres si les taches qu'il effectue ne correspondent pas à une fonction de cadre.

➔ *En l'absence d'accord c'est au DDTEFP du siège de l'établissement pour l'élection des délégués du personnel et au DDTEFP du siège de l'entreprise pour l'élection des membres du CE qu'il appartient de répartir les salariés entre les différents collèges. Sa décision s'impose aux parties mais peut être contestée par recours hiérarchique auprès du ministre du Travail ou par recours contentieux devant le tribunal administratif.*

... ainsi que les sièges à pourvoir

La répartition des sièges à pourvoir entre les différents collèges doit être précisée dans le protocole d'accord préélectoral. Elle relève de la « double majorité » mentionnée page 27. En l'absence d'accord, c'est le DDTEFP qui procède à cette répartition conformément aux dispositions conventionnelles ou, à défaut, conformément à la loi.

Cette répartition est proportionnelle aux effectifs de chaque collège. Les sièges restant peuvent être attribués en appliquant le principe de la représentation proportionnelle au plus fort reste, cette méthode permettant aux collèges les plus faibles d'être mieux représentés.

Exemple

Dans une entreprise de 6 000 salariés, devant élire 24 représentants au CE avec deux collèges en présence : un collège ouvriers-employés de 4 320 salariés et un collège cadres de 1 680 salariés.

On divise tout d'abord le nombre de salariés par le nombre de sièges à pourvoir (quotient théorique), soit :

6 000/24 = 250.

On divise l'effectif de chaque collège par le quotient théorique pour répartir les sièges :

- *le collège ouvriers-employés, aura droit à :*
4 320/250 = 17 sièges ;
- *le collège cadres : 1 680/250 = 6 sièges.*

23 sièges ont été répartis.

Le dernier siège sera attribué au « plus fort reste » ;

- *pour le collège ouvriers-employés :*
4 320 - (250 x 17) = 70 ;
- *pour le collège cadres : 1 680 - (250 x 6) = 180.*

Le siège restant sera donc attribué au collège cadres qui dispose du plus fort reste.

Il peut également être tenu compte des circonstances particulières à l'entreprise (nature, activités, organisation).

Il est toujours possible de réserver des sièges à certains groupes de salariés occupant des emplois définis (un siège ouvrier au sein du collège ouvriers-employés, par exemple). Des dispositions particulières sont également prévues concernant la réservation de certains sièges.
Ainsi :
- pour les élections au CE, un siège de titulaire doit obligatoirement être réservé à un cadre dans les entreprises occupant plus de 500 salariés ;
- des dispositions particulières peuvent être prises en vue de faciliter la représentation des délégués du personnel travaillant en équipes successives ou dans des conditions qui les isolent de l'ensemble des autres salariés ;
- dans les entreprises de travail temporaire, des sièges peuvent être réservés de manière à assurer la représentation équitable entre le personnel permanent et le personnel intérimaire ;
- le DDTEFP peut également réserver des sièges à certaines catégories du personnel, s'il l'estime nécessaire.

L'organisation du vote

Les candidats peuvent organiser leur campagne électorale

Les candidats peuvent diffuser leurs documents de propagande par affichage sur les panneaux syndicaux, les distribuer aux heures d'entrée et de sortie du travail et organiser des réunions avec les salariés de l'entreprise. La propagande électorale antérieure au premier tour est réservée aux syndicats susceptibles de participer à ce premier tour *(voir p. 22)*.
Contrairement aux règles appliquées en matière d'élections politiques, aucune date limite n'est prévue. La propagande peut donc, a priori, se poursuivre jusqu'au jour du scrutin, dans la mesure où elle ne peut avoir pour conséquence de fausser les résultats du scrutin (dénigrement d'une liste ou d'un candidat, par exemple).

➔ *L'employeur doit rester neutre et s'abstenir de toute propagande électorale. Toute intervention, pression ou prise de position de sa part peut constituer un motif d'annulation des élections. Il risque également d'être condamné pour délit d'entrave.*

! Fiche 8

Le vote a lieu dans l'entreprise et pendant le temps de travail

L'élection a lieu, à la date fixée par le protocole préélectoral, pendant le temps de travail, donc en principe un jour ouvré. Un accord contraire peut être conclu entre l'employeur et l'ensemble des organisations syndicales représentatives existant dans l'entreprise, en fonction de certaines situations spécifiques, notamment en cas de travail en continu.
Lorsque les élections ont lieu pendant le temps de travail, il est d'usage que ce temps de vote ne fasse l'objet d'aucune retenue sur salaire. Lorsque le vote a lieu en dehors du temps de travail, un accord peut prévoir une indemnisation en faveur des salariés concernés.
Les heures de vote sont normalement fixées par l'accord préélectoral.
Le vote doit se dérouler sur les lieux de travail (entreprise ou établissement). L'accord préélectoral peut toutefois prévoir qu'il ait lieu au siège de l'entreprise pour les salariés itinérants. Il est également possible de voter par correspondance *(voir p. 33)*.

La date, les heures et le lieu du vote doivent être portés à la connaissance des salariés (en principe par voie d'affichage), suffisamment à l'avance pour pouvoir permettre à chacun de voter. À défaut, les élections peuvent être annulées si ce manque d'information a pu fausser les résultats.

L'employeur doit fournir le matériel nécessaire au vote

L'employeur doit mettre à la disposition des électeurs les moyens matériels nécessaires pour leur permettre de voter et pour garantir la liberté et la sincérité du vote.

Bulletins de vote : l'employeur doit faire imprimer et fournir des bulletins de vote, en nombre égal et suffisant pour chaque liste de candidats. Ces bulletins doivent, en principe, être imprimés sur du papier blanc ; il ne peut être fait exception à cette règle, dans l'intérêt des électeurs, qu'en présence de circonstances particulières constatées soit par le protocole préélectoral, soit par le juge saisi d'une contestation portant sur l'organisation des élections. Les bulletins doivent mentionner l'appartenance syndicale des candidats lorsque ceux-ci sont présentés par une organisation syndicale.

Enveloppes : les enveloppes doivent également être fournies par l'employeur, en nombre suffisant (une enveloppe pour chaque bulletin). Elles doivent être opaques afin de respecter le secret du vote.

Isoloirs : l'élection ayant lieu au scrutin secret, les électeurs doivent avoir la possibilité de s'isoler pour voter. L'installation d'isoloirs identiques à ceux utilisés lors des élections politiques n'est pas obligatoire : il suffit que l'électeur puisse mettre ses bulletins dans les enveloppes sans être vu par d'autres personnes. Une pièce adjacente au bureau de vote, une rangée de casiers isolée peuvent ainsi servir d'isoloir.

Urnes : les bulletins doivent être déposés sous enveloppe dans des urnes distinctes pour chaque élection (délégués du personnel et membres du CE) et pour les titulaires et les suppléants de chaque collège. Elles doivent être fermées jusqu'à la clôture du scrutin. Là encore, les règles sont moins strictes qu'en matière d'élections politiques : les urnes peuvent être confectionnées de manières plus rudimentaires (cartons scellés par des bandes adhésives, par exemple) pourvu qu'elles restent bien closes jusqu'au terme prévu pour le scrutin.

D'autres manières de voter sont-elles admises ?

Le vote par correspondance est admis...

L'employeur est tenu d'organiser le vote par correspondance lorsque cette possibilité est prévue par la convention collective de l'entreprise ou le protocole d'accord préélectoral ou lorsque le juge d'instance l'impose. Le vote par correspondance ne peut concerner que des salariés éloignés de l'entreprise pour raison professionnelle (travailleurs à domicile, VRP, en voyage d'affaires, etc.) ou absents les jours du scrutin (maladies, congés, etc.).
Le matériel nécessaire au vote ainsi que les documents communiqués aux électeurs sur place (documents de propagande électorale, notamment) doivent être expédiés par l'employeurs aux personnes concernées par voie postale ou faire l'objet d'une remise en main propre, suffisamment à l'avance pour leur permettre de voter en temps utile.

En pratique, les salariés appelés à voter par correspondance doivent recevoir deux enveloppes dans lesquelles ils peuvent glisser leur bulletin de vote ainsi qu'une troisième servant à adresser les enveloppes contenant les bulletins de vote, portant au dos les nom, prénom, adresse de l'électeur. Ce dernier doit impérativement signer cette troisième enveloppe.

... de même que le vote électronique

L'élection peut également être organisée par voie électronique sur le lieu de travail ou à distance lorsqu'un accord d'entreprise ou de groupe le prévoit. Fiche 10

➔ *La mise en place du vote électronique n'interdit pas le vote à bulletin secret sous enveloppe. Lorsque ces deux modalités de vote coexistent, l'ouverture du vote sous enveloppe doit avoir lieu après la clôture du vote électronique.*

Qui contrôle le vote ?

Le bureau de vote veille au bon déroulement des élections

Le contrôle du bon déroulement des élections est effectué généralement par le bureau de vote. C'est lui qui est chargé de veiller à la régularité des opérations électorales, de procéder au dépouillement du scrutin, de proclamer les résultats et de dresser le procès-verbal des élections. Il doit consigner dans ce procès-verbal tous les incidents survenus dans la salle de vote.

Un bureau de vote distinct doit être constitué pour chaque collège électoral. La composition du bureau de vote est fixée par l'accord préélectoral. On choisit le plus souvent les deux électeurs les plus âgés et l'électeur le plus jeune du collège considéré, la présidence revenant au plus âgé.

D'autres personnes peuvent également y participer

Certains membres de l'entreprise peuvent s'installer dans la salle de vote pour surveiller le bon déroulement des opérations électorales. Il en est ainsi :
- des candidats, à condition que leur attitude ne soit pas de nature à influencer les électeurs ;
- de l'employeur ou de son représentant ;
- d'un délégué de liste désigné par chacune des listes de candidats ;
- d'un représentant de chaque organisation syndicale présentant une liste de candidats. Ce délégué doit obligatoirement faire partie des salariés de l'entreprise.

➔ *En cas de litige, le juge d'instance, saisi préalablement aux élections, peut décider de la mise en place d'un dispositif de contrôle de la régularité, de la liberté et de la sincérité du scrutin (huissier, par exemple).*

Le déroulement du vote

Un scrutin à deux tours

Les élections ont lieu au scrutin de liste à deux tours avec représentation proportionnelle à la plus forte moyenne.

On ne tient compte du résultat au premier tour que si le quorum est atteint, c'est-à-dire si le nombre de votants est au moins égal à la moitié des électeurs inscrits. Le nombre de votants s'entend des seuls suffrages valablement exprimés. Les bulletins nuls ou blancs ne doivent donc pas être comptabilisés.
Le quorum s'apprécie séparément pour chaque vote, c'est-à-dire pour chaque collège, pour chaque élection (délégués du personnel, membres du CE), pour les titulaires et les suppléants.

Dans les trois hypothèses suivantes, un second tour doit être organisé :
- s'il y a eu carence de candidatures au premier tour, c'est-à-dire si les organisations syndicales n'ont pas présenté de candidats ou s'il n'y a pas d'organisations syndicales intéressées *(au sens visé p. 25)* ;
- si au premier tour de scrutin, le quorum n'a pas été atteint, c'est-à-dire si le nombre de suffrages valablement exprimés a été inférieur à la moitié des électeurs inscrits ;
- s'il reste des sièges à pourvoir dans le collège à la suite du premier tour.

Le second tour doit avoir lieu dans le délai de quinze jours à dater du premier tour.

→ *Le premier tour, qui sert de fondement à la détermination des organisations syndicales représentatives dans l'entreprise et au choix du délégué syndical* (voir p. 132)*, doit être dépouillé, quel que soit le nombre de votants (même en l'absence de quorum), et ses résultats doivent également être reportés sur le procès verbal, dont deux exemplaires doivent être transmis à l'inspecteur du travail dont relève l'entreprise et un exemplaire à l'opérateur chargé de la collecte des résultats* (voir coordonnées p. 14). *Les formulaires Cerfa sont disponibles sur le site www.travail-solidarite.gouv.fr.*

Le dépouillement des votes

Le dépouillement a lieu immédiatement après le scrutin, en public.
Le bureau de vote compte le nombre d'enveloppes présentes dans l'urne et le compare aux nombres de votants émargés sur la liste électorale.
Il désigne des scrutateurs qui ouvrent les enveloppes. Les bulletins blancs et nuls sont séparés des bulletins valables afin de décompter le nombre de suffrages valablement exprimés.
On procède ensuite au décompte des bulletins de chaque liste, puis à celui des voix recueillies par chaque candidat.

➔ *Doivent être considérés comme nuls les bulletins :*
- *sans enveloppe ou placés dans une enveloppe non réglementaire ;*
- *différents contenus dans une même enveloppe ;*
- *portant des signes de reconnaissance ;*
- *panachés, c'est-à-dire dont le nom d'un ou de plusieurs candidats a été remplacé par celui de candidats d'une autre liste ou de toute autre personne.*

Il est en revanche permis de rayer le nom d'un ou de plusieurs candidats.

La désignation des élus

Chaque liste reçoit autant de sièges que le nombre de voix recueillies par elle contient de fois le quotient électoral (nombre de suffrages valablement exprimés divisé par le nombre de sièges à pourvoir). Au cas où il n'a été pourvu à aucun siège ou s'il reste encore des sièges à pourvoir, ceux-ci sont attribués sur la base de la plus forte moyenne.

Fiche 9

Une fois les sièges répartis entre les différentes listes, il convient de désigner les élus au sein de chaque liste. Les candidats sont déclarés élus dans l'ordre de présentation de la liste sauf si le nombre de ratures faites sur le nom d'un candidat est égal ou supérieur à 10 % des suffrages valablement exprimés en faveur de la liste sur laquelle il figure. Dans ce cas, le siège est attribué en fonction des voies obtenues par chaque candidat.

Lorsqu'un siège est réservé par la loi ou l'accord préélectoral à une catégorie spécifique de salariés, il faut en tenir compte :
- si aucun candidat de la catégorie réservée n'est élu, on attribue le siège en question au candidat de la catégorie réservée ayant obtenu au moins une voix, figurant sur la liste à laquelle le siège est normalement attribué ;

• si plusieurs candidats de la catégorie réservée sont élus, chacun d'entre eux conserve son siège ;
• en l'absence de candidat dans la catégorie réservée, le siège reste vacant.

→ *Un candidat élu sur la liste des titulaires et sur celle des suppléants doit renoncer à son poste de suppléant. S'il refuse le poste de titulaire, il est privé de toutes ses fonctions et ne peut donc occuper les fonctions de suppléant.*

La proclamation des résultats

Les résultats des élections sont proclamés, oralement, par le bureau de vote qui doit préciser le nombre de sièges revenant à chaque liste et indiquer nominativement les élus.

→ *La date de proclamation des résultats :*
• confère aux intéressés la qualité de représentants du personnel et marque le début de leur protection en tant qu'élus ; ! Fiche 7
• fait courir le délai de 15 jours pendant lequel il est possible de contester les résultats auprès du tribunal d'instance.

Le bureau de vote rédige ensuite un procès-verbal en autant d'exemplaires que nécessaire (en général, un pour l'employeur, un pour chaque liste de candidats et un réservé à l'affichage). L'employeur est également tenu de transmettre deux exemplaires du procès-verbal à l'inspecteur du travail dans les quinze jours et un exemplaire à l'opérateur chargé de la collecte des résultats *(voir p. 14)*. Le procès verbal est rédigé sur un imprimé fourni par l'inspection du travail ou disponible sur www.travail-solidarite.gouv.fr.

→ *Lorsque aucun candidat n'a pu être élu (carence de candidats au premier et au deuxième tour, défaut du quorum au premier tour et carence de candidat au deuxième tour), un procès-verbal de carence (voir modèle sur le site www.travail-solidarite.gouv.fr) doit être établi et adressé à l'inspection du travail compétente pour l'établissement, ainsi qu'à l'opérateur mentionné page 14, dans un délai de quinze jours.*

CHAPITRE II

LES DÉLÉGUÉS DU PERSONNEL

Élus par les salariés dans les entreprises (ou les établissements distincts) comptant au moins onze salariés, **les délégués du personnel sont, historiquement, la plus ancienne institution représentative du personnel**. Ils ont en effet été institués après les accords de Matignon de juin 1936.

Porte-parole de salariés auprès du chef d'entreprise et de l'inspecteur du travail, leur rôle principal consiste à présenter les réclamations collectives ou individuelles des salariés et à veiller à l'application de la réglementation du travail dans l'entreprise. Ils font également le lien avec les autres institutions représentatives présentes dans l'entreprise.

Leurs attributions sont élargies en l'absence de comité d'entreprise (CE) ou de comité d'hygiène, de sécurité et des conditions de travail (CHSCT). Ils peuvent également remplir certaines fonctions dévolues aux délégués syndicaux.

Les délégués du personnel bénéficient des moyens mis à leur disposition par l'employeur pour le bon exercice de leurs fonctions (local, crédit d'heures, etc.).

Le rôle des délégués du personnel

Les délégués présentent les réclamations des salariés à l'employeur

La principale mission des délégués du personnel consiste à présenter aux employeurs toutes les réclamations individuelles ou collectives relatives aux salaires, à l'application du Code du travail et des autres dispositions légales concernant la protection sociale, la santé et la sécurité, ainsi que des conventions et accords applicables dans l'entreprise.
Ils sont donc les porte-parole des salariés de l'entreprise. La loi précise cependant qu'ils ne sont pas pour autant des intermédiaires obligatoires : les salariés conservent le droit de présenter directement leurs observations et leurs revendications individuelles à l'employeur ou à leurs supérieurs hiérarchiques.

Les délégués du personnel sont habilités à présenter les réclamations :
- des salariés de l'établissement dans lequel ils ont été élus. Bien qu'aucun texte ne le précise, il est d'usage que les délégués s'occupent uniquement des réclamations des salariés appartenant au collège électoral qu'ils représentent. Un cadre doit donc soumettre ses problèmes à un délégué cadre, un ouvrier à un délégué du collège ouvriers-employés. Cette dichotomie disparaît en cas de réclamation collective intéressant l'ensemble des salariés ;
- des salariés d'entreprises extérieures non placées sous la subordination de l'entreprise utilisatrice (salarié détaché au sein d'un groupe, salarié d'une entreprise sous-traitante, par exemple) dès lors qu'il s'agit de réclamations concernant les conditions d'exécution du travail relevant du chef d'établissement utilisateur ;
- des travailleurs temporaires en ce qui concerne certaines questions : respect du principe d'égalité de rémunération avec celle des salariés permanents de l'entreprise utilisatrice, paiement des jours fériés, responsabilité de l'entreprise au plan de leurs conditions de travail (durée du travail, repos, règles relatives à la santé et à la sécurité au travail), droit d'accès aux installations et aux moyens de transport collectifs de l'entreprise. Les délégués peuvent d'ailleurs prendre connaissance des contrats de travail des intérimaires afin de s'informer de leur situation. Pour les autres problèmes rencontrés, les intérimaires peuvent s'adresser aux délégués du personnel de leur entreprise de travail temporaire.

➔ *Les délégués du personnel peuvent également présenter les réclamations des salariés de l'entreprise détachés à l'étranger.*

Ils interviennent auprès de l'inspecteur du travail...

■ Les délégués du personnel ont pour mission de saisir l'inspection du travail de toutes les plaintes et observations relatives à l'application des prescriptions législatives et réglementaires dont elle est chargée d'assurer le contrôle (conditions de travail, application de la réglementation relative aux salaires, aux congés payés, à la durée du travail, application des conventions et accords collectifs, etc.).
Là encore, si les délégués du personnel sont les interlocuteurs privilégiés de l'inspecteur du travail, ils ne disposent d'aucun droit d'exclusivité en la matière : tout salarié conserve la faculté de s'adresser personnellement à l'inspecteur du travail sans passer par l'intermédiaire d'un délégué du personnel.

■ Lors de ses visites dans l'entreprise, l'inspecteur du travail doit se faire accompagner par le délégué compétent, si ce dernier le désire. Les services du ministère du Travail estiment qu'il faut interpréter cette disposition légale de la façon suivante :
• lorsque l'inspecteur du travail se rend dans l'entreprise à la demande d'un délégué du personnel, il l'en avertit, ce dernier pouvant alors accompagner l'inspecteur dans sa visite ;
• lorsque l'inspecteur du travail intervient dans l'entreprise de sa propre initiative, il peut proposer à un délégué du personnel de l'accompagner.

... et coopèrent avec les autres représentants du personnel

■ Les délégués du personnel peuvent communiquer au CE (CE) les suggestions et les observations du personnel sur toutes les questions entrant dans la compétence du comité. Les communications des délégués peuvent faire l'objet d'une note adressée au président ou au secrétaire du CE qui le portera à la connaissance de l'ensemble des membres du comité. Les délégués peuvent également demander à être entendus par le comité sur les observations et suggestions qu'ils ont à présenter.

■ Les délégués du personnel participent à la désignation des membres du comité d'hygiène, de sécurité et des conditions de travail (CHSCT, *voir chapitre IV*) et peuvent lui communiquer toutes les suggestions et observations entrant dans la compétence de ce comité (problèmes relatifs à la santé, à la sécurité et aux conditions de travail). Le CHSCT doit obligatoirement donner son avis sur les questions dont il est saisi par les délégués du personnel.

Quelles sont les autres attributions des délégués ?

Ils doivent être consultés dans certains domaines…

L'employeur peut être tenu de consulter les délégués du personnel avant de prendre certaines décisions. Ainsi l'employeur doit leur demander leur avis avant de :

- fixer la période des congés payés, l'ordre de départ en congé des salariés ou de décider de fermer l'entreprise durant les congés ;
- reporter une demande de contrepartie obligatoire en repos (heures supplémentaires) ;
- proposer un nouvel emploi à un salarié victime d'un accident du travail devenu inapte à reprendre l'emploi qu'il occupait précédemment ;
- de mettre le personnel au chômage sur un chantier en cas d'intempérie ;
- procéder à un licenciement économique collectif dans une entreprise de moins de 50 salariés. Une ou deux réunions sur ce sujet sont prévues, selon l'ampleur du licenciement (plus ou moins de 10 salariés).

➔ *Le défaut de consultation des délégués du personnel dans tous les cas où cette consultation est requise par les textes constitue le délit d'entrave.*

… et informés dans certains autres

L'employeur doit également leur fournir les documents suivants :

- les attestations, consignes, résultats et rapports relatifs aux vérifications et contrôles mis à la charge de l'employeur au titre de la santé et de la sécurité du travail ;
- la notice d'information relative aux textes conventionnels applicables dans l'entreprise, remise aux salariés lors de leur embauche ;
- le registre du personnel ;
- le décompte individuel de la durée du travail des salariés ne relevant pas de l'horaire collectif.

Les délégués du personnel peuvent également prendre connaissance des contrats de mise à disposition conclus avec les entreprises de travail temporaire ainsi que des contrats suivants :

- contrats d'accompagnement dans l'emploi ;
- contrats d'avenir (dispositif supprimé à compter du 1er janvier 2009) ;
- contrats initiative emploi ;
- contrats insertion-revenu minimum d'activité (dispositif supprimé à compter du 1er janvier 2009).

En outre, en l'absence de CE, l'employeur informe les délégués du personnel, une fois par an, des éléments qui l'ont conduit à faire appel, au titre de l'année écoulée, et qui pourraient le conduire à faire appel pour l'année à venir à des contrats de travail à durée déterminée (CDD), à des contrats de mission conclus avec une entreprise de travail temporaire ou à des contrats conclus avec une entreprise de portage salarial.

Ils disposent d'un « droit d'alerte »

Les délégués du personnel, informés d'une atteinte aux droits des personnes, à leur santé physique et mentale ou aux libertés individuelles dans l'entreprise (atteintes à la vie privée, mesures discriminatoires, etc.) doivent saisir l'employeur. Celui-ci est alors tenu de procéder à une enquête et de faire remédier à cette situation. À défaut de solution, le délégué peut saisir le conseil de prud'hommes afin qu'il ordonne les mesures nécessaires.

→ *Attention : avant de saisir le conseil de prud'hommes, le délégué doit avertir le salarié concerné par écrit. Si ce dernier s'oppose à cette action, le délégué ne peut alors porter l'affaire en justice.*

Ils peuvent assister leurs collègues lors d'entretiens

Les délégués du personnel sont fréquemment amenés à assister les salariés lors d'entretiens avec l'employeur (entretiens préalables à un licenciement ou à une sanction disciplinaire). Même si ce rôle n'est pas réservé aux délégués du personnel, ce sont eux qui sont la plupart du temps choisis par les salariés en raison de leur fonction représentative et de leur connaissance de l'entreprise.

→ *Hormis ces cas d'entretiens préalables, l'employeur n'est pas tenu d'accepter la présence d'un délégué du personnel lors des entretiens individuels qu'il peut avoir avec un salarié.*

Les attributions supplétives des délégués du personnel

Quelles attributions en l'absence de CE ?

L'exercice des attributions économiques du CE...

Dans les entreprises ou établissements de 50 salariés et plus, en l'absence de CE par suite d'une carence constatée aux élections *(voir p. 37)*, les délégués du personnel exercent la totalité des attributions économiques des CE *(voir p. 76)*.
À cette fin :
• ils doivent être consultés et recevoir les informations économiques destinées au CE. Ces informations sont communiquées et les consultations ont lieu au cours de la réunion mensuelle des délégués du personnel avec l'employeur ;
• les questions examinées font l'objet d'un procès-verbal, adopté, après modifications éventuelles, lors de la réunion suivante. Ce procès-verbal peut être affiché après accord entre les délégués et l'employeur ;
• ils exercent le droit d'alerte dévolu au CE en cas de faits de nature à affecter de manière préoccupante la situation économique de l'entreprise. Leur demande d'explication est inscrite à l'ordre du jour de la première réunion suivant cette demande ;
• dans les entreprises faisant l'objet d'une procédure de sauvegarde, de redressement ou de liquidation judiciaire, les délégués désignent le représentant des salariés chargé de vérifier les créances nées des contrats de travail et interviennent à tous les stades de la procédure. En cas de redressement ou de liquidation judiciaires, ils peuvent également communiquer au président du tribunal de commerce ou au ministère public tout fait révélant la cessation des paiements du débiteur.
Les délégués amenés à exercer la mission économique du CE bénéficient de moyens spécifiques :
• leur nombre est accru *(voir p. 12)* ;
• ils disposent d'un crédit supplémentaire d'heures de délégation de 20 heures par mois ;
• ils gèrent conjointement avec l'employeur la subvention de fonctionnement égale à 0,2 % des salaires dont bénéficie le CE ;

• ils peuvent avoir recours aux experts assistant habituellement le CE et rémunérés par le chef d'entreprise ;

• les délégués titulaires peuvent bénéficier du stage de formation économique, sociale et syndicale.

Fiche 11

Dans l'exercice de leurs attributions économiques, les délégués du personnel sont soumis aux mêmes obligations de discrétion et de secret professionnel que les membres du CE.

Dans les entreprises de moins de 50 salariés qui ne sont pas tenues d'élire un CE, les délégués exercent les attributions économiques du CE mais leur pouvoir est alors moins étendu.

Ils ne disposent d'aucun droit de contrôle sur la situation financière de l'entreprise (examen des livres comptables, des bilans). Ils peuvent toutefois communiquer à l'employeur toutes les suggestions tendant à l'amélioration du rendement et de l'organisation générale du travail.

Dans ce cas de figure, le nombre de délégués n'est pas augmenté et ceux-ci ne bénéficient pas d'heures de délégations supplémentaires.

Certaines personnes morales de droit privé non commerçantes sont tenues d'établir une situation de l'actif réalisable et disponible, valeurs d'exploitation exclues, et du passif exigible, un compte de résultat prévisionnel, un tableau de financement et un plan de financement. Ces documents doivent être analysés dans des rapports écrits établis par l'organe chargé de l'administration, l'ensemble devant être communiqué simultanément au commissaire aux comptes, au CE et à l'organe chargé de la surveillance, lorsqu'il en existe. Depuis le 1er janvier 2006, à défaut de CE, ces documents et rapports doivent être transmis aux délégués du personnel.

... et de la plupart de leurs autres attributions

Quel que soit l'effectif de l'entreprise (plus ou moins de 50 salariés), les délégués exercent la plupart des autres attributions du CE, en son absence.

Le Code du travail prévoit en effet la consultation des délégués du personnel à défaut de CE dans de nombreux domaines (durée du travail, travail de nuit, refus de certains congés, travail des handicapés, recours à certains contrats particuliers, etc.).

Les délégués assurent, conjointement avec l'employeur, le fonctionnement de toutes les activités sociales et culturelles de l'établissement, quelles qu'en soient la forme et la nature.
Contrairement aux CE, ils ne gèrent donc pas personnellement ces activités. Leur rôle se limite au contrôle de cette gestion.

Quelles attributions en l'absence de CHSCT ?

Dans les établissements de 50 salariés ou plus

Dans les établissements de 50 salariés et plus, s'il n'existe pas de CHSCT, les délégués du personnel exercent les missions attribuées à ce comité *(voir p. 114)* et disposent, pour ce faire, de moyens spécifiques :
- ils peuvent recourir à un expert dans les mêmes conditions que le CHSCT ;
- ils bénéficient de la formation spécifique réservée aux membres du CHSCT ;
- ils disposent du crédit d'heures attribué aux membres du CHSCT qui s'ajoute à celui auquel ils ont droit en tant que délégués du personnel *(voir p. 53)* ;
- enfin, dans ce cas, le nombre de délégués est accru *(voir p. 12)*.

Dans les établissements de moins de 50 salariés

Dans ces établissements, où l'institution d'un CHSCT n'est pas obligatoire, les délégués du personnel exercent les fonctions du CHSCT mais avec les seuls moyens dont ils disposent en tant que délégués du personnel (leur nombre n'est donc pas accru et ils n'ont pas droit à un crédit d'heures supplémentaire).

→ *Les délégués bénéficient toutefois de la formation destinée aux membres du CHSCT.*

Peuvent-ils remplacer certains représentants syndicaux ?

Un délégué du personnel peut faire fonction de délégué syndical...

Dans les établissements qui emploient moins de 50 salariés, les syndicats représentatifs dans l'établissement peuvent désigner, pour la durée de son mandat, un délégué du personnel comme délégué syndical. Cette possibilité n'est toutefois pas ouverte dans un établissement de moins de 50 salariés qui dépend d'une entreprise dont l'effectif global est au moins égal à ce chiffre.
Les modalités de la désignation sont identiques à celles prévues pour la désignation des autres délégués syndicaux *(voir p. 129)*.

➔ *Sauf disposition conventionnelle plus favorable, ce mandat n'ouvre pas droit à un crédit d'heures supplémentaire. Les intéressés ne disposent donc que du crédit d'heures alloué aux délégués du personnel qu'ils peuvent utiliser pour l'exercice de leur double activité.*
Selon la Cour de cassation, dans les établissements mentionnés ci-dessus, seul le délégué du personnel titulaire disposant d'un crédit d'heures à ce titre peut être désigné comme délégué syndical.

... et être désigné comme représentant de la section syndicale

Dans les entreprises qui emploient moins de 50 salariés, les syndicats non représentatifs dans l'entreprise qui constituent une section syndicale peuvent désigner, pour la durée de son mandat, un délégué du personnel comme représentant de la section syndicale *(RSS, voir p. 143)*. Par disposition conventionnelle, ce mandat de représentant peut ouvrir droit à un crédit d'heures.
Le temps dont dispose le délégué du personnel pour l'exercice de son mandat peut être utilisé dans les mêmes conditions pour l'exercice de ses fonctions de représentant de la section syndicale.

Ils peuvent également négocier des accords d'entreprise

Fiche 6 En principe, seules les organisations syndicales représentatives peuvent négocier et conclure les accords collectifs d'entreprise avec l'employeur. Cependant, dans les entreprises dépourvues à la fois de délégué syndical, de délégué du personnel

également désigné délégué syndical et de CE, cette fonction peut être remplie par les délégués du personnel.
Pour ce faire, il est cependant nécessaire qu'une convention collective de branche ou un accord professionnel étendu prévoie ce mode de conclusion. Ce texte fixe les thèmes ouverts à ce mode de négociation dérogatoire, les conditions de majorité nécessaires et leurs modalités de suivi.

➔ *Lorsqu'il fait application des règles visées ci-dessus, l'employeur doit convier à la négociation tous les délégués du personnel présents dans l'entreprise ou dans l'établissement.*

Pour avoir valeur d'accord collectif du travail, les accords ainsi négociés doivent être approuvés par une commission paritaire nationale de branche. Ils ne peuvent entrer en application qu'après leur dépôt, accompagné de l'extrait de procès-verbal de validation de la commission paritaire, auprès de la direction départementale du travail.

Les négociations doivent se dérouler dans le respect des principes généraux suivants :
- indépendance des négociateurs vis-à-vis de l'employeur ;
- élaboration conjointe du projet d'accord par les négociateurs ;
- concertation avec les salariés ;
- faculté de prendre contact avec les syndicats représentatifs de la branche.

➔ *Les possibilités de négociation avec des représentants élus, en l'absence de délégués syndicaux, seront modifiées à compter du 1er janvier 2010. La brochure « Représentativité des syndicats : mode d'emploi » présente en détail les règles applicables à compter de cette date ; elle est disponible sur le site www.travail-solidarite.gouv.fr.*

L'exercice des fonctions

Les délégués doivent pouvoir communiquer avec les autres salariés

Afin de faciliter la transmission des réclamations du personnel, les délégués peuvent organiser des permanences dans le local qui leur est attribué à des jours et heures fixés en accord avec l'employeur ou installer des boîtes aux lettres dans les ateliers. Il est également possible de prévoir un cahier de réclamations.
Ils peuvent prendre des contacts avec les salariés à leur poste de travail, sous réserve de ne pas apporter de gêne importante à l'accomplissement de leur travail. Pour ce faire, ils disposent d'une liberté de déplacement à l'intérieur de l'entreprise pendant et en dehors de leurs heures habituelles de travail. Les délégués peuvent également se déplacer hors de l'entreprise dans le cadre de leur mission (visite à l'inspecteur du travail, par exemple).

➔ *Le temps passé en dehors de l'entreprise s'impute sur le crédit d'heures du délégué. Sauf dispositions conventionnelles plus favorables, les frais de déplacement ne sont pas à la charge de l'employeur.*

Ils peuvent informer le personnel des résultats de leur action :
• par affichage sur des panneaux qui leur sont propres ou qu'ils partagent éventuellement avec le CE, ainsi qu'aux portes d'entrée des lieux de travail ;
• au moyen de tracts ou de journaux distribués en dehors du temps de travail, aux heures d'entrée et de sortie du personnel, et à condition que cette distribution n'apporte ni trouble dans l'entreprise ni perturbation dans le travail.

➔ *Les documents affichés ou distribués par les délégués du personnel doivent se limiter à des éléments de pure information. Ils ne peuvent contenir de propos polémiques, politiques ou diffamatoires.*

Ils se réunissent avec l'employeur

■ Les délégués du personnel sont reçus collectivement par le chef d'établissement ou son représentant au moins une fois par mois. Cette réunion est l'occasion de discuter des problèmes collectifs touchant les conditions de travail. Les

délégués peuvent également transmettre les réclamations individuelles dont ils ont été saisis au cours du mois écoulé à cette occasion.
Ces réunions mensuelles, auxquelles tous les délégués doivent être invités, sont obligatoires. L'employeur ne peut y déroger, sauf cas de force majeure démontré.

→ *Même si l'article L. 2315-8 du Code du travail prévoit que les délégués du personnel sont reçus « collectivement » une fois par mois, la réunion mensuelle reste obligatoire dans les entreprises où il n'y a qu'un seul délégué (par exemple, une entreprise de 11 à 25 salariés). À défaut, hors le cas de force majeure ou l'absence de réunion liée au refus ou à la défection du délégué lui-même, la Chambre criminelle de la Cour de cassation considère que l'employeur se rend coupable du délit d'entrave.*

La date de la réunion doit être fixée par le chef d'établissement suffisamment à l'avance pour permettre aux délégués de rédiger leur note préalable *(voir p. 52)*.
Aucune forme de convocation n'est exigée. Il peut s'agir d'une lettre, remise en main propre ou envoyée en recommandé, pourvu qu'elle soit adressée à tous les délégués.
Enfin, il faut savoir que cette réunion mensuelle doit être spécialement réservée aux délégués du personnel. L'employeur ne peut organiser une réunion commune aux délégués du personnel et au CE, par exemple.

■ En dehors de la réunion mensuelle obligatoire, les délégués peuvent être reçus par l'employeur, à leur demande :
- soit collectivement, en cas d'urgence (imminence d'un conflit collectif, problème de sécurité devant être résolu rapidement, etc.). L'employeur est alors tenu de recevoir les délégués le plus rapidement possible. Si l'urgence invoquée n'est pas établie, l'employeur peut cependant refuser de les recevoir sur-le-champ ;
- soit individuellement, soit par catégorie, soit par atelier, service ou spécialité professionnelle, selon les questions qu'ils ont à traiter.

→ *Dans les sociétés anonymes, lorsqu'une réclamation urgente nécessite une délibération du conseil d'administration, les délégués doivent être reçus par le conseil d'administration en présence du directeur (ou de son représentant) ayant connaissance de la réclamation.*

Le temps passé en réunion est payé comme temps de travail aussi bien aux délégués titulaires qu'aux suppléants. Il n'est pas déduit du crédit d'heures dont bénéficient les délégués titulaires.

Le chef d'établissement ou son représentant peut se faire assister (au cours des réunions mensuelles et des réunions sur demande en cas d'urgence) par des collaborateurs à condition qu'ensemble, ils ne soient pas en nombre supérieur à celui des délégués titulaires présents à la réunion. Sur ce point, la Chambre criminelle de la Cour de cassation considère que la pratique tendant lors de cette réunion mensuelle « à imposer la présence, en surnombre, d'un tiers choisi par le chef d'établissement est de nature à porter atteinte à l'exercice des fonctions représentatives ».

Dans tous les cas, les délégués suppléants peuvent assister aux réunions avec les délégués titulaires. Ces derniers peuvent également se faire assister par un représentant d'une organisation syndicale. Il peut s'agir aussi bien d'un représentant syndical de l'entreprise (délégué syndical, par exemple) que d'une personne extérieure à l'entreprise (permanent syndical, secrétaire d'une union locale ou départementale d'un syndicat, par exemple).

Sauf circonstances exceptionnelles (en cas d'urgence, par exemple), les délégués remettent au chef d'établissement, deux jours ouvrables avant la réunion, une note écrite exposant leurs demandes. L'employeur doit répondre par écrit à ces demandes au plus tard dans les six jours ouvrables suivant la réunion.

Les demandes et les réponses motivées de l'employeur sont transcrites sur un registre spécial qui doit être tenu à la disposition :

- des salariés de l'établissement pendant un jour par quinzaine et en dehors du temps de travail ;
- de l'inspecteur du travail, de manière permanente ;
- et, bien entendu, des délégués du personnel qui en ont le libre accès.

➔ *La loi n'exige pas la rédaction d'un procès-verbal des réunions. Cette formalité peut cependant être imposée par voie conventionnelle ou par usage. L'usage prévoit parfois également la diffusion de notes de service rendant compte des débats.*

Ils disposent d'un local...

Le chef d'établissement est tenu de mettre à la disposition des délégués du personnel le local nécessaire pour leur permettre de se réunir.

Il peut s'agir d'un local qui leur est réservé ou qu'ils partagent avec le CE.

➔ *Il peut également s'agir d'un local servant à d'autres réunions (réunions des cadres, par exemple). Dans ce cas, il est recommandé de fixer, par voie d'accord, le temps d'utilisation du local par les différents utilisateurs. Ce temps d'utilisation doit tenir compte des souhaits et des possibilités des délégués et ne pas gêner l'exercice de leurs fonctions.*

Ce local doit être aménagé et doté du matériel nécessaire à l'exercice des fonctions des délégués (tables, chaises, classeurs, armoire, ordinateur, photocopieuses, téléphone, etc.).

... et bénéficient d'un crédit d'heures

Le chef d'établissement est tenu de laisser aux délégués du personnel, dans la limite d'une certaine durée, le temps libre nécessaire à l'exercice de leurs fonctions.
Cette durée est limitée à 10 heures par mois pour chaque délégué dans les entreprises dont l'effectif est inférieur à 50 salariés et à 15 heures par mois dans les entreprises plus importantes.

Les délégués appelés à exercer les fonctions du CHSCT ou du CE, en l'absence de ces institutions, bénéficient d'un crédit d'heures supplémentaire.
Les divers cas de figure sont résumés dans le tableau ci-dessous :

Effectif	Crédit d'heures mensuel		
	Normal	Attributions du CE	Attributions du CHSCT
11 à 49 salariés	10	-	-
50 à 99 salariés	15	35	17
100 à 299 salariés	15	35	20
300 à 499 salariés	15	35	25
500 à 1 499 salariés	15	35	30
1 500 salariés et plus	15	35	35

➔ *En cas de délégation unique du personnel, ses membres disposent d'un crédit d'heures qui ne peut excéder 20 heures par mois, toutes fonctions confondues.*

Il s'agit là du crédit d'heures légal. Le nombre d'heures de délégation peut être augmenté :
• en cas de circonstances exceptionnelles nécessitant un surcroît de démarches et d'activité dépassant le cadre des tâches habituelles des délégués, en raison, notamment, de la soudaineté de l'événement ou de l'urgence des mesures à prendre (grève, restructuration, projet de licenciement économique, danger imminent nécessitant l'intervention d'un représentant du personnel auprès du CHSCT, etc.). À noter que ces heures ne bénéficient alors pas de la présomption d'utilisation conforme *(voir p. 54)* ; si l'employeur estime ces dépassements non fondés, il peut surseoir au paiement des heures en cause, à charge pour le salarié élu de demander au juge de reconnaître l'existence de circonstances exceptionnelles et d'ordonner le paiement des heures concernées ;

• par voie conventionnelle ou en fonction d'un usage.

Le crédit d'heures est réservé aux délégués titulaires mais peut néanmoins être utilisé par les suppléants remplaçant un titulaire.

Les délégués peuvent utiliser leurs heures de délégation durant et en dehors de leurs heures habituelles de travail.

Ces heures sont rémunérées comme du temps de travail effectif et payées à l'échéance normale. Elles sont prises en compte dans le calcul de la durée du travail et des heures supplémentaires pour l'appréciation des durées maximales du travail et pour l'attribution des repos compensateurs pour heures supplémentaires.

Lorsque l'employeur conteste l'utilisation qui est faite du crédit d'heures, il doit, dans un premier temps, demander au représentant du personnel concerné de préciser les activités exercées pendant son temps de délégation, avant, éventuellement, de saisir le conseil de prud'hommes. Il doit en toute hypothèse, avoir au préalable payé ces heures à leur échéance normale (présomption d'utilisation conforme).

→ *Aucune indication concernant l'activité de représentation ne devant apparaître sur les bulletins de salaire, l'employeur ne peut faire la distinction entre les heures réellement travaillées et les heures de délégation (sauf s'il utilise une codification chiffrée connues des seules parties). Le nombre des heures de délégation utilisées au cours du mois ne peut que figurer sur une fiche annexe au bulletin de paie.*

Le cumul des mandats étant possible, les salariés occupant plusieurs fonctions représentatives cumulent donc les crédits d'heures. Exemple : dans une entreprise de 125 salariés, un salarié élu à la fois en tant que délégué du personnel et membre du CE et désigné comme délégué syndical bénéficiera de 15 + 20 + 10 = 45 heures de délégation par mois.

La protection des délégués du personnel

Fiche 7 ■ Les délégués du personnel bénéficient de la protection spéciale contre le licenciement.

Fiche 1 ■ Toute entrave à l'exercice des fonctions d'un délégué du personnel est constitutive du délit d'entrave qui expose l'employeur à des sanctions pénales.

■ Les délégués du personnel agissant dans le cadre de leurs fonctions restent couverts par l'ensemble de la protection sociale dont disposent les salariés de l'entreprise. Ainsi, les délégués du personnel ont droit à la protection sur les accidents de travail pour les accidents dont ils sont victimes à l'occasion des activités entrant dans les limites de leurs attributions même s'ils surviennent en dehors de l'entreprise et de leur temps de travail.

La durée du mandat

Quelle est la durée normale du mandat ?

Un mandat de quatre ans...

Jusqu'à l'intervention de la loi n° 2005-882 du 2 août 2005 (JO du 3 août), la durée du mandat des délégués du personnel était fixée à deux ans (cette durée est restée applicable aux délégués du personnel élus jusqu'au 3 août 2005). Pour les élections intervenues depuis le 4 août 2005, la durée du mandat est fixée à quatre ans ; un accord de branche, un accord de groupe ou un accord d'entreprise, selon le cas, peut fixer une durée du mandant comprise entre deux et quatre ans.

Les délégués du personnel sont rééligibles. Leur mandat prend effet au jour de la proclamation des résultats des élections. En cas de renouvellement avec proclamation des résultats avant la date d'expiration du mandat des délégués sortants, c'est cette dernière date qui doit être retenue pour fixer le point de départ du mandat des nouveaux élus.

... pouvant être réduit ou prolongé dans certains cas

Le mandat des délégués doit être réduit ou prorogé en cas d'organisation d'élections simultanées des délégués du personnel et du CE ou en cas de mise en place d'une délégation unique du personnel dans les entreprises de moins de 200 salariés.

En dehors de ces hypothèses, le mandat peut être prolongé :

• exceptionnellement en cas de retard indépendant de la volonté de l'employeur ou des organisations syndicales dans l'organisation de nouvelles élections ;

• par une clause expresse et non équivoque d'une convention ou d'un accord collectif ayant recueilli l'accord unanime des partenaires sociaux, lorsque les élections n'ont pu avoir lieu avant l'expiration du mandat des délégués en exercice, ou en cas de modification de la situation juridique de l'employeur, par exemple.

La prorogation ne peut en aucun cas découler :
- d'une tacite reconduction ;
- d'une clause du règlement intérieur de l'institution représentative ;
- d'une délibération, même unanime, des délégués ;
- d'une décision judiciaire. Si le tribunal d'instance peut retarder la date des élections si besoin est, il ne saurait pour autant modifier la durée du mandat des délégués.

Que se passe-il en cas de cessation anticipée du mandat ?

Les délégués peuvent être remplacés par un suppléant

Les fonctions d'un délégué du personnel peuvent cesser avant la fin de son mandat en cas de :
- décès de l'intéressé ;
- démission volontaire de ses fonctions ;
- résiliation de son contrat de travail (démission, licenciement, départ en retraite) ou changement d'établissement ;
- perte des conditions requises pour son éligibilité ;
- révocation par l'organisation syndicale qui a présenté l'élu, approuvée au scrutin secret par la majorité des membres du collège électoral auquel il appartient.

➔ *En cas de changement de catégorie professionnelle, les délégués conservent leur mandat jusqu'à expiration. Ainsi, un délégué élu sur une liste ouvriers-employés conservera ce mandat jusqu'aux prochaines élections même s'il est promu cadre six mois après son élection.*

Dans ces cas (et également lorsqu'ils sont absents momentanément pour un motif quelconque : maladie, congé, etc.), les délégués titulaires sont remplacés par des délégués suppléants.
Le remplaçant est un suppléant élu sur une liste présentée par la même organisation syndicale que celle de ce titulaire. La priorité est donnée au suppléant élu de la même catégorie.
S'il n'existe pas de suppléant élu sur une liste présentée par l'organisation syndicale qui a présenté le titulaire, le remplacement est assuré par un candidat non élu présenté par la même organisation.

Dans ce cas, le candidat retenu est celui qui vient sur la liste immédiatement après le dernier élu titulaire ou, à défaut, le dernier élu suppléant.
À défaut, le remplacement est assuré par le suppléant élu n'appartenant pas à l'organisation du titulaire à remplacer, mais appartenant à la même catégorie et ayant obtenu le plus grand nombre de voix.
Le suppléant devient titulaire jusqu'au retour de celui qu'il remplace ou jusqu'au renouvellement de l'institution.

➔ *Aucune disposition légale ne prévoit le remplacement des délégués suppléants. Ce remplacement peut toutefois être prévu par voie conventionnelle.*

Leur fonction peut également être supprimée

Le mandat des délégués peut également prendre fin prématurément – et collectivement – en cas :
• de perte de la qualité d'établissement distinct en cas de transfert d'entreprise, par exemple, ou suite à une décision du directeur départemental du travail, de l'emploi et de la formation professionnelle, faute d'accord entre l'employeur et les organisations syndicales représentatives permettant aux délégués d'achever leur mandat ;
• de création d'une instance entraînant la suppression des délégués supplémentaires. Exemple : une entreprise de 64 salariés sans CHSCT doit élire trois délégués du personnel au lieu de deux. Si un CHSCT est mis en place en cours de mandat, le délégué supplémentaire disparaît ;
• de première organisation d'élections simultanées des délégués du personnel et des membres du CE ou de mise en place de la délégation unique du personnel.

➔ *Selon la Cour de cassation, les contestations relatives à la cessation anticipée du mandat d'un délégué du personnel et à la régularité du remplacement d'un délégué du personnel titulaire par un suppléant relèvent de la compétence du tribunal de grande instance.*

Une élection partielle doit être organisée dans certains cas

Des élections partielles doivent être organisées à l'initiative de l'employeur :
• si un collège électoral n'est plus représenté ;
• si le nombre des délégués titulaires est réduit de moitié ou plus.

Toutefois, si ces événements interviennent moins de six mois avant le terme du mandat des délégués du personnel, l'employeur n'a pas l'obligation d'organiser des élections partielles.

➔ *Cette disposition, issue de la loi n° 2005-882 du 2 août 2005, ne s'applique qu'à compter des élections des délégués du personnel intervenant après le 3 août 2005.*

CHAPITRE III

LE COMITÉ D'ENTREPRISE (CE)

Le CE est le lieu privilégié du dialogue social dans l'entreprise. Constitué par une délégation élue du personnel et présidé par le chef d'entreprise, le CE s'est vu confier par la loi une double mission :

- d'une part, assurer une expression collective des salariés permettant la prise en compte de leurs intérêts dans les décisions relatives à la gestion et à l'évolution économique et financière de l'entreprise, à l'organisation du travail, à la formation professionnelle et aux techniques de production. L'employeur doit pour cela informer régulièrement le comité et le consulter sur certaines questions relevant de ces domaines ;
- d'autre part, assurer ou contrôler la gestion des activités sociales et culturelles instituées dans l'entreprise au bénéfice des salariés ou de leur famille.

Le CE dispose de moyens financiers pour remplir sa mission. L'employeur doit lui attribuer une subvention de fonctionnement ainsi qu'une contribution pour financer la gestion des activités sociales et culturelles. Doté de la personnalité civile, il peut également acquérir un patrimoine, accepter des dons et agir en justice en son nom propre.

Le fonctionnement du CE

Quels sont les membres du CE ?

Le CE est présidé par l'employeur

L'employeur est membre de droit du CE. Il en assure la présidence et peut être assisté par un ou deux collaborateurs ayant voix consultative.
Par employeur, il faut entendre :
- l'exploitant dans les entreprises personnelles ;
- le président du conseil d'administration ou le directeur général dans les sociétés à conseil d'administration et le président du directoire ou le directeur général dans les sociétés à directoire ;
- le gérant dans les SARL, les sociétés en nom collectif ou les sociétés en commandite simple ;
- la personne ayant les pouvoirs de direction dans les sociétés civiles, les syndicats professionnels ou les associations ;
- l'un des dirigeants des entreprises dans celles formant une unité économique et sociale.

➔ *En tout état de cause, la présidence du CE ne peut être assurée que par une seule personne à la fois.*

L'employeur peut ne pas être présent « physiquement » et se faire représenter par une personne de son choix :
- le chef d'établissement dans les comités d'établissement ;
- un salarié de l'entreprise (DRH ou cadre supérieur, en général) qui doit avoir reçu à cet effet une procuration expresse et spéciale ;
- toute autre personne librement choisie pour le représenter. Dans ce cas, le représentant doit également avoir reçu une procuration spéciale et informer le comité de sa qualité avant le début de la réunion.

Il comprend une délégation du personnel

La délégation du personnel comporte un nombre égal de titulaires et de suppléants qui varie en fonction de l'effectif de l'entreprise. Les membres de la délégation du personnel sont élus par les salariés de l'entreprise *(voir chapitre I)*.

Fiche 5 Dans les entreprises de moins de 200 salariés, la délégation du personnel au CE peut être composée par les délégués du personnel.

Les syndicats peuvent également désigner un représentant au CE

Chaque organisation syndicale ayant des élus au CE peut y nommer un représentant (avant l'intervention de la loi du 20 août 2008 mentionnée page 25, en vigueur à compter du 22 août 2008, tous les syndicats représentatifs dans l'entreprise pouvaient désigner un tel représentant ; les mandats en cours subsistent jusqu'aux premières élections du CE suivant le 22 août 2008). Ce représentant doit être choisi parmi les membres du personnel de l'entreprise et remplir les conditions d'éligibilité au CE *(voir p. 20)*. Cette désignation est une possibilité offerte aux organisations syndicales représentatives et non une obligation pour elles. Le représentant syndical ainsi désigné ne peut être, en même temps, membre élu du CE.

→ *Dans les entreprises de moins de 300 salariés, le délégué syndical est de droit représentant syndical au CE et doit être convoqué comme tel aux réunions de cette instance.*

Les nom et prénom(s) du représentant syndical choisi doivent être portés à la connaissance du chef d'entreprise soit par lettre recommandée avec avis de réception, soit par lettre simple remise en main propre contre récépissé.
Contrairement aux membres de la délégation du personnel qui sont élus pour 4 ans, aucune limite n'est prévue pour le mandat des représentants syndicaux au CE. Le renouvellement du comité n'entraîne donc pas la fin de leurs fonctions. Ils peuvent, en revanche, être révoqués par leur syndicat à tout moment.
Le représentant syndical assiste aux réunions du comité avec voix consultative. Il doit être convoqué dans les mêmes conditions que les autres membres du comité et peut être membre des commissions mises en place *(voir p. 66)*. Le temps passé aux séances du comité lui est payé comme temps de travail.

Comment le CE est-il organisé ?

Le CE est doté d'un bureau

■ Le CE fonctionne sous la présidence de l'employeur ou de son représentant *(voir p. 65).*
À ce titre celui-ci est chargé d'organiser les réunions (date, convocation, bonne tenue des débats, régularité des scrutins, etc.) et d'assurer l'information et la consultation du comité sur les questions le concernant.

■ Lors de la première réunion qui suit l'élection du comité, son secrétaire doit être désigné parmi les membres titulaires, à la majorité des voix des membres composant le comité.
Le secrétaire arrête l'ordre du jour des réunions (avec l'employeur), il établit les procès-verbaux des réunions et veille à l'application des décisions prises.
Il assure également la liaison entre le comité et le chef d'entreprise ou avec les tiers.

■ Bien que non prévue par la loi, la désignation d'un trésorier se révèle souvent indispensable dans les entreprises d'une certaine importance.

Le trésorier, qui peut être désigné parmi les membres titulaires ou les suppléants, gérera alors les budgets à la charge ou sous le contrôle du comité (subvention de fonctionnement, contribution au financement des activités sociales et culturelles, etc.).

Il élabore son règlement intérieur

Le CE doit également élaborer son règlement intérieur (à ne pas confondre avec le règlement intérieur de l'entreprise). Celui-ci détermine les modalités :
• du fonctionnement du comité : composition et attribution du bureau, nombre et pouvoirs des commissions internes, modalités pratiques des réunions, statuts des membres du comité, etc. ;
• concernant les rapports du comité avec les salariés de l'entreprise : réunions d'information, contacts sur les postes de travail, etc.

Et peut instituer des commissions spécialisées en son sein

Le CE est tenu de mettre en place des commissions particulières dans les entreprises atteignant un certain seuil d'effectif.

- **La commission de la formation professionnelle** doit être instituée dans les entreprises occupant 200 salariés et plus. Cette commission est chargée d'assister le comité dans son rôle consultatif en matière de formation professionnelle. Elle est également chargée d'étudier les moyens propres à favoriser l'expression des salariés et leur information en matière de formation et d'étudier les problèmes concernant le travail des jeunes et des personnes handicapées.

- **La commission d'information et d'aide au logement** doit être instituée dans les entreprises industrielles et commerciales d'au moins 300 salariés. Son rôle est de faciliter l'accession des salariés à la propriété et à la location de logements à leur usage personnel. Elle les informe et les assiste dans les démarches nécessaires pour obtenir des aides financières en liaison avec les organismes chargés de collecter la participation à la construction (le « 1 % patronal »).

- **La commission économique** concerne les entreprises employant au moins 1 000 salariés. Cette commission est chargée d'étudier les documents économiques et financiers soumis au comité. Elle comprend au maximum cinq membres représentants du personnel, dont au moins un représentant des cadres, désignés par le CE ou le comité central d'entreprise parmi leurs élus. Elle peut se faire assister par un expert choisi par le comité. Cette commission se réunit au moins deux fois par an. L'employeur est tenu de laisser à ses membres le temps nécessaire à la tenue de ses réunions dans une limite de quarante heures par an.

- **La commission pour l'égalité professionnelle** est obligatoire dans les entreprises de 200 salariés et plus. Elle est chargée, notamment, de préparer les délibérations du comité sur le rapport de la situation comparée des hommes et des femmes en matière d'emploi et de formation.

Tout CE, quel que soit l'effectif de l'entreprise, peut également créer des commissions pour l'examen de problèmes particuliers. Ces commissions peuvent être chargées, par exemple, de l'étude de problèmes d'ordre professionnel (apprentissage, formation et reclassement professionnel, amélioration des conditions de travail), social (prévoyance, amélioration des logements, activités en faveur de l'enfance), éducatif et de loisirs (bibliothèque, centres de vacances, sociétés sportives, etc.).

Les commissions sont obligatoirement présidées par un membre du comité. Les autres membres peuvent être choisis parmi les membres du personnel ne faisant pas partie du comité (sauf pour la commission économique). Les règles de fonctionnement des commissions facultatives peuvent être fixées par voie d'accord.

Le temps passé aux travaux des commissions obligatoires par les membres du comité est payé comme temps de travail et n'est pas déduit du crédit d'heures dont ils disposent. Le temps passé aux travaux des commissions facultatives n'est pas rémunéré par l'employeur (sauf disposition conventionnelle). Il peut cependant être rémunéré par le CE lui-même sur son budget de fonctionnement. Il peut également être imputé sur le crédit d'heures pour ceux des membres qui en bénéficient.

Comité interentreprises, comité central d'entreprise (CCE)..., de quoi s'agit-il ?

Un comité interentreprises pour gérer les institutions sociales communes à plusieurs entreprises

Lorsque plusieurs entreprises possèdent ou envisagent de créer certaines institutions sociales communes (service de santé au travail, cantine, etc.), les comités des entreprises intéressés doivent constituer un comité interentreprises investi des mêmes attributions que les comités eux-mêmes dans la mesure nécessaire à l'organisation et au fonctionnement de ces institutions communes.

Le comité interentreprises est composé :
- d'un représentant des employeurs désigné par eux, assisté d'un ou de deux suppléants ;
- de membres de la délégation du personnel de chaque comité, choisis de façon à assurer la représentation des diverses catégories de personnel. Le nombre total des membres du comité interentreprises ne peut excéder 12, sauf accord des organisations syndicales ou dérogation accordée par l'inspecteur du travail. Bien qu'aucun texte ne le précise, ces délégués sont généralement désignés par un vote, dans les mêmes conditions que les membres des comités de groupe *(voir p. 69)*.

➔ *Les membres du comité interentreprises sont désignés pour la durée de leur mandat à leur CE.*

Un CCE dans les entreprises comportant plusieurs comités d'établissement

Les entreprises comportant plusieurs comités d'établissement doivent mettre en place un comité central au niveau de l'entreprise.

Le comité central comprend :
- l'employeur (ou son représentant) qui en assure la présidence. L'employeur peut être assisté par un ou deux collaborateurs ayant voix consultative ;
- une délégation du personnel, composée d'un nombre égal de délégués titulaires et de suppléants élus, pour chaque établissement, par les membres titulaires du comité de l'établissement considéré et parmi ses membres. Le nombre total des membres de cette délégation ne peut, en principe, dépasser vingt titulaires et vingt suppléants (sauf accord entre l'employeur et l'ensemble des organisations syndicales représentatives) et chaque comité d'établissement peut être représenté soit par un seul délégué titulaire ou suppléant, soit par un ou deux délégués titulaires et un ou deux délégués suppléants. La répartition des sièges entre les différents établissements et les différentes catégories fait l'objet d'un accord entre le chef d'entreprise et les organisations syndicales représentatives. Un siège doit être réservé aux cadres lorsqu'un ou plusieurs établissements a disposé de trois collèges électoraux pour l'élection de son comité *(voir chapitre I)* ainsi que dans les entreprises de plus de 500 salariés ou comptabilisant au moins vingt-cinq cadres. L'élection a lieu au scrutin uninominal majoritaire à un tour ;
- et, éventuellement, un représentant syndical pour chacune des organisations syndicales représentatives au niveau de l'entreprise, choisi parmi les représentants de cette organisation aux comités d'établissement ou parmi les membres élus desdits comités.

Les membres du comité central d'entreprise se réunissent au moins une fois par semestre au siège de l'entreprise. Ils peuvent également tenir des réunions exceptionnelles à la demande de la majorité de leurs membres.

Le comité central exerce les attributions économiques qui concernent la marche générale de l'entreprise et excèdent les limites des pouvoirs des chefs d'établissement. Il est informé sur tous les projets économiques et financiers importants concernant l'entreprise. Il peut se voir confier la gestion des activités sociales et culturelles communes par les comités d'établissement. Les compétences respectives des comités d'établissement et du comité central peuvent être définies par accord.

Un comité de groupe dans les groupes d'entreprises

Un comité de groupe doit être constitué au sein des groupes formés par une entreprise dominante et les entreprises qu'elle contrôle (filiales) ou sur lesquelles elle exerce une influence dominante (détention de 10 % du capital, au moins). La configuration du groupe est définie soit par accord des parties intéressées, soit par décision de justice (tribunal de grande instance). Fiche 1

Le comité de groupe doit être constitué à l'instigation de la société dominante au plus tard dans les six mois suivant la date de la définition de la configuration du groupe.
Il est composé :
- du chef de l'entreprise dominante ou de son représentant, assisté de deux personnes de son choix appartenant à l'entreprise dominante ou à une ou deux sociétés du groupe ;
- de représentants du personnel, désignés pour quatre ans, par les organisations syndicales, parmi leurs élus aux CE ou d'établissements de l'ensemble des entreprises du groupe et sur la base des résultats des dernières élections. Le nombre total de ces représentants est limité à trente. Cette limite est réduite au double du nombre des entreprises dotées d'un CE lorsque ce nombre est inférieur à quinze. Le nombre total des sièges au comité de groupe est réparti entre les élus des différents collèges électoraux proportionnellement à l'importance numérique de chaque collège. Les sièges affectés à chaque collège sont répartis entre les organisations syndicales proportionnellement au nombre d'élus qu'elles ont obtenues dans ces collèges.

➔ *Lorsque, pour l'ensemble des entreprises faisant partie du groupe, la moitié au moins des élus d'un ou de plusieurs collèges ont été présentés par des listes autres que syndicales, le directeur départemental du travail et de l'emploi décide de la répartition des sièges entre les élus du ou des collèges en cause.*

Le comité de groupe n'a pas pour vocation de se substituer aux CE existant dans les entreprises du groupe. Sa création est une réponse au développement de structures économiques complexes marquées par le renforcement des liens économiques, techniques et financiers entre sociétés distinctes appartenant à un groupe.
L'objectif du comité de groupe est que, par son intermédiaire, les représentants des salariés des entreprises concernées puissent disposer d'une information économique complète sur le groupe et les différentes sociétés qui le composent. À cette fin, le comité de groupe :

• reçoit des informations sur l'activité, la situation financière, l'évolution et les prévisions d'emploi annuelles ou pluriannuelles et les actions éventuelles de prévention envisagées compte tenu de ces prévisions dans le groupe et dans chacune des entreprises qui le composent ;
• reçoit communication, lorsqu'ils existent, des comptes et du bilan consolidés ainsi que du rapport du commissaire aux comptes correspondant ;
• est informé dans les domaines indiqués ci-dessus des perspectives économiques du groupe pour l'année à venir.

→ *Le comité de groupe peut se faire assister par un expert-comptable ; celui-ci est rémunéré par l'entreprise dominante. Pour opérer toute vérification ou tout contrôle qui entre dans l'exercice de ces missions, l'expert-comptable a accès aux mêmes documents que les commissaires aux comptes des entreprises constitutives du groupe.*

Un comité d'entreprise européen (CEE) pour les entreprises de dimension communautaire

Les entreprises ou les groupes d'entreprises dont le siège social est situé en France et qui occupent au moins 1 000 salariés dans les États membres de l'Union européenne et/ou de l'espace économique européen et qui disposent d'au moins une implantation de 150 salariés dans au moins deux de ces États peuvent mettre en place un comité commun en vue d'informer et de consulter les salariés à ce niveau.

! Fiches 2 & 3

Une représentation des salariés est également prévue dans les entreprises ayant le statut de société européenne.

→ *L'institution d'un CEE ou d'un comité de la société européenne n'est pas obligatoire. Les entreprises concernées peuvent prévoir une procédure d'échange et de dialogue différente.*

Les réunions du CE

Différentes catégories de réunions sont prévues

Dans les entreprises de 150 salariés et plus ainsi que dans celles ayant opté pour la mise en place d'une délégation unique du personnel, le CE se réunit au moins une fois par mois sur convocation de l'employeur ou de son représentant. Fiche 5 Dans les autres entreprises, le comité se réunit au moins une fois tous les deux mois. La majorité des membres du comité peut demander la tenue d'une seconde réunion. Le règlement intérieur du comité peut fixer la date de la réunion ordinaire, le 15 du mois, par exemple.

→ *La réunion mensuelle ou bimensuelle ordinaire est obligatoire, sous peine de délit d'entrave.* Fiche 8

L'employeur ou la majorité des membres du comité peut également demander la tenue de réunions extraordinaires en raison de l'existence de circonstances particulières (projet de licenciements économiques, par exemple). La demande doit obligatoirement comporter les questions à aborder lors de la réunion (ordre du jour). Lorsque la demande émane des membres du comité, l'employeur n'a pas à juger de l'opportunité de la requête qui lui est faite, sauf, bien entendu, s'il estime que l'objet de la réunion n'entre pas dans les attributions du CE.

→ *En cas de carence de l'employeur, et à la demande de la moitié au moins des membres du comité, celui-ci peut être convoqué par l'inspecteur du travail qui en assurera alors la présidence.*

C'est l'employeur qui est chargé de la convocation aux réunions : tous les membres du comité, qu'ils soient titulaires, suppléants ou représentants syndicaux, doivent recevoir cette convocation ainsi que les personnes amenées à assister à la réunion (médecin du travail, expert... selon les questions débattues). Aucun délai n'est fixé par les textes pour l'envoi de cette convocation. Dans les faits, l'ordre du jour étant généralement joint à la convocation, il convient de respecter le délai minimal de trois jours avant la réunion fixé pour la transmission de cet ordre du jour.

Elles doivent avoir lieu pendant le temps de travail

En principe, les réunions doivent se tenir pendant les heures de travail. Il est cependant possible de réunir le comité en dehors de l'horaire de travail, notamment dans les PME, où la tenue des séances du comité pendant le temps de travail est susceptible de présenter des inconvénients.
Le lieu des réunions est librement choisi par le président du comité. C'est en général toujours le même, mais rien n'interdit à l'employeur de réunir le comité dans un lieu inhabituel lorsque les circonstances l'exigent.

L'ordre du jour doit être établi préalablement

L'ordre du jour de la réunion est arrêté conjointement par l'employeur et le secrétaire du comité. À défaut d'accord entre l'employeur et le secrétaire, la partie la plus diligente peut saisir le juge des référés pour résoudre cette difficulté. Toutefois, lorsque la réunion porte sur des consultations rendues obligatoires par une disposition législative, réglementaire ou par un accord collectif, celles-ci peuvent être inscrites de plein droit unilatéralement par l'employeur ou le secrétaire.

→ *Cette dernière disposition a pour but d'éviter que l'obligation d'élaboration conjointe de l'ordre du jour soit utilisée pour retarder, voire bloquer les consultations du CE, en particulier celles concernant les projets de licenciements économiques collectifs.*
Elle n'autorise pas pour autant l'employeur à établir unilatéralement l'ordre du jour d'une réunion alors que le secrétaire n'a pas refusé d'y participer, le privant ainsi de la possibilité d'y inscrire d'autres questions.

L'ordre du jour doit contenir toutes les questions qui seront discutées au cours de la réunion. Une fois fixé, l'ordre du jour ne peut être modifié, sauf accord de l'employeur et du secrétaire et à condition que l'ordre du jour modifié soit transmis dans les délais aux membres du comité.

→ *Au cours de la réunion, une question non fixée à l'ordre du jour peut être abordée si la majorité des membres du comité donne son accord.*

L'ordre du jour est communiqué aux membres du comité par l'employeur au moins trois jours avant la réunion. Le non-respect de ce délai ne rend toutefois pas la délibération du comité irrégulière si la méconnaissance de ce délai ne l'a pas empêché de se prononcer en connaissance de cause.

Les membres du CE ainsi que des personnes extérieures peuvent y assister

Participent aux réunions du CE l'ensemble de ses membres, c'est-à-dire :

- l'employeur ou son représentant, assisté éventuellement d'un ou deux collaborateurs choisis parmi les salariés de l'entreprise et qui ont voix consultative ;
- les membres élus par les salariés qu'ils soient titulaires ou suppléants ;
- et les représentants désignés par les organisations syndicales.

Peuvent également assister aux réunions, lorsque l'ordre du jour comporte des questions relevant de leurs compétences :

- le médecin du travail ou son délégué ;
- le conseiller du travail ;
- ainsi que le commissaire aux comptes.

La présence d'autres personnes étrangères au comité est également possible, sous réserve d'un accord entre l'employeur et la majorité de la délégation du personnel.

Mais tous n'ont pas le droit de voter

Toutes les personnes présentes à la réunion ont le droit de prendre la parole et d'exprimer leur avis.
Les discussions du comité aboutissent à des avis ou des vœux dans l'exercice de leurs attributions consultatives et à des décisions dans l'exercice de leurs attributions sociales, par exemple. L'employeur doit rendre compte, en la motivant, de la suite donnée à ces avis et vœux.
Les résolutions du comité sont prises à la majorité des votants (y compris les votes blancs, nuls et les abstentions). Si toutes les personnes présentes à la réunion peuvent s'exprimer et donner leur avis, seuls les membres du comité qui ont voix délibérative peuvent participer au vote, soit :

- les membres titulaires ;
- et les membres suppléants lorsqu'ils remplacent les membres titulaires absents.

Quant au président du comité (l'employeur ou son représentant), sa participation au vote n'est pas admise lorsqu'il consulte les membres élus du comité en tant que délégation du personnel.

➔ *L'employeur peut ainsi prendre part au vote lorsqu'il s'agit d'une question relevant de l'administration interne du comité ou de son fonctionnement (adoption du règlement intérieur, désignation du secrétaire ou du trésorier).*

En revanche, il ne participe pas au vote sur les questions qui relèvent du rôle consultatif du comité dans les domaines économiques et professionnels ou lorsque le comité procède à la désignation de membres dans une autre instance (représentant au comité central) ou dans une commission (commission économique, commission de la formation professionnelle), pour le choix d'un expert ou lorsque le comité prend une résolution sur la gestion des activités sociales et culturelles.

Le Code du travail donne peu d'indications concernant les modalités du vote. Il précise seulement qu'il doit avoir lieu à bulletin secret en cas de nomination ou de licenciement d'un médecin du travail ou en cas de licenciement d'un salarié protégé. Dans les autres cas, le vote à main levée est donc possible, sauf si le règlement intérieur du comité en décide autrement.

Fiche 7

Le procès-verbal de séance doit ensuite être établi

Les délibérations du CE sont obligatoirement consignées dans un procès-verbal établi par le secrétaire.

Ce procès-verbal contient :
- les avis et les votes émis lors de la réunion ;
- les réponses motivées de l'employeur aux questions posées lors de la réunion précédente ;
- l'examen des documents et rapports obligatoires ;
- les résolutions.

Ils peuvent ne contenir que le résumé des délibérations ou relater *in extenso* les différents points discutés en séance.
Le procès-verbal doit être communiqué à l'employeur et aux membres du comité. Il peut également être transmis à l'inspecteur du travail (cette formalité est obligatoire, dans certains cas : licenciement économique, par exemple), voire au directeur départemental du travail si le comité l'estime nécessaire.
Ces procès-verbaux peuvent également être affichés ou diffusés dans l'entreprise par le secrétaire du comité afin que l'ensemble du personnel en prenne connaissance. Dans ce cas, il doit être expurgé de toutes les informations confidentielles données comme telles par l'employeur au cours de la réunion.

Le temps passé en réunion doit être rémunéré

Le temps passé aux réunions du CE par les représentants du personnel titulaires et suppléants et par les représentants syndicaux est payé comme temps de travail. Il n'est pas déduit du crédit d'heures dont disposent éventuellement les intéressés.

Le temps de trajet pour se rendre aux réunions ne peut donner lieu à retenue sur salaire lorsqu'il est compris dans l'horaire normal de travail. Il doit par ailleurs être rémunéré lorsqu'il est pris en dehors de cet horaire et dépasse le temps normal de déplacement entre le domicile et le lieu de travail des intéressés.

➔ *Les membres du CE sont tenus au secret professionnel pour toutes les questions relatives aux procédés de fabrication.*
Les membres du CE et les représentants syndicaux sont tenus à une obligation de discrétion à l'égard des informations revêtant un caractère confidentiel et présentées comme telles par l'employeur.

Les attributions d'ordre économique et professionnel du CE

A quelles informations le CE a-t-il accès ?

Le CE a un droit d'accès aux documents administratifs

Le CE peut demander aux diverses administrations de l'État, aux collectivités territoriales, aux établissements publics et aux organismes de droit public ou privés chargés de la gestion d'un service public la communication des documents nécessaires à l'exercice de sa mission.

➔ *Tous les documents administratifs ne sont pas communicables. Pour plus de précision, voir la loi n° 79-587 du 11 juillet 1979 ou se renseigner à la CNIL (Commission d'accès aux documents administratifs), 21 rue Saint-Guillaume 75007 Paris (www.cnil.fr).*

Il peut entreprendre des études et des recherches

Le comité peut procéder à des études ou à des recherches, soit sur des questions qu'il détermine lui-même (à condition qu'elles entrent dans le cadre de sa mission), soit à l'occasion des projets qui lui sont soumis par le chef d'entreprise.
Il peut également effectuer des enquêtes tant auprès d'organismes extérieurs qu'auprès des salariés de l'entreprise.
Afin de connaître la position du personnel sur un problème donné, il peut adresser des questionnaires aux salariés.

L'employeur doit lui fournir un certain nombre d'informations

L'employeur est tenu de fournir au comité certaines informations économiques, financières et sociales, soit périodiquement, soit ponctuellement à certaines occasions.

Domaine de l'information	Contenu de l'information	Entreprises concernées	Périodicité
Situation juridique, économique et financière	**Documentation économique et financière :** • forme juridique et organisation de l'entreprise (organigramme) ; • perspectives économiques de l'entreprise ; • position dans la branche d'activité à laquelle elle appartient ; • position au sein du groupe ; • répartition du capital entre les actionnaires détenant plus de 10 % de celui-ci	Toutes Groupe de sociétés Sociétés par actions	Un mois après l'élection des membres du CE
	Rapport d'ensemble : • activité, chiffre d'affaires, bénéfices et pertes ; • résultats globaux de la production en valeur et volume ; • transfert de capitaux importants entre société mère et filiales ; • situation de la sous-traitance ; • affectation des bénéfices ; • aides européennes, aides ou avantages financiers de l'État, de la région ou des collectivités locales et leur emploi ; • investissements ; • évolution de la structure et du montant des salaires ; • perspectives économiques pour l'année à venir ; • évolution de la productivité et taux d'utilisation des capacités de production	Toutes* ≥ 300 salariés	Chaque année
	Documents transmis à l'assemblée générale des actionnaires ou associés et rapport des commissaires aux comptes	Sociétés commerciales	Avant présentation à l'AG
	Communications et copies auxquelles ont droit les actionnaires	Sociétés commerciales	Même moment que les actionnaires
	Documents comptables et financiers de gestion prévisionnelle et rapport d'analyse	Sociétés commerciales ≥ 300 salariés ou dont le chiffre d'affaires est ≥ 18 millions d'€	■ Chaque semestre (situation de l'actif, du passif et comptes prévisionnels) ■ Chaque année (tableau de financement)

Domaine de l'information	Contenu de l'information	Entreprises concernées	Périodicité
Situation juridique, économique et financière	Documents comptables	Toutes (sauf sociétés commerciales)	Selon la périodicité d'établissement des documents
	Évolution générale des commandes et de la situation financière, exécution des programmes de production	Toutes	Chaque trimestre
	Opération de concentration	Sociétés par actions	Dans les trois jours suivant la publication du projet
	OPA ou OPE sur l'entreprise	Sociétés par actions	■ Réunion dès le dépôt de l'offre ■ Transmission de la note d'information de l'AMF dans les 3 jours de sa publication ■ Examen de cette note dans les 15 jours suivant sa publication ■ Possibilité d'auditionner l'auteur de l'offre
	OPA ou OPE de la part de l'entreprise	Toutes	Réunion dans les 2 jours suivant le dépôt de l'offre
	Achat de ses actions par une société en vue de la gestion de ses fonds propres	Sociétés par actions cotées	Après la résolution de l'AG autorisant l'achat des actions
	Procédure d'alerte des commissaires aux comptes sur un fait de nature à compromettre la continuité de l'exploitation	Sociétés dotées d'un commissaire aux comptes	Information aux différents stades de la procédure
	Mécénat et soutien aux associations et fondations	Toutes	Non précisée par l'article L. 2323-84 du Code du travail

Domaine de l'information	Contenu de l'information	Entreprises concernées	Périodicité
Rémunération	Évolution de la rémunération moyenne horaire et mensuelle par sexe et par catégories et rémunérations minimales et maximales, horaires et mensuelles, au cours de l'exercice et par rapport à l'exercice précédent	Toutes*	Chaque année avec le « Rapport d'ensemble »
	Retard dans le paiement des cotisations sociales	Toutes	Chaque trimestre
	Traitement automatisé de la paie et de la gestion du personnel	Toutes	Avant sa mise en place et en cas de modification
	Rapport sur la participation : • éléments de calcul de la participation de l'exercice écoulé ; • utilisation des sommes	Toutes	Dans les 6 mois suivant la clôture de l'exercice
	Suivi de l'accord d'intéressement	Toutes	Périodicité prévue dans l'accord
Temps de travail et congés	**Heures supplémentaires :** • programmation de l'utilisation des heures supplémentaires utilisées à l'intérieur du contingent ; • motif de recours, périodes, services et effectifs concernés par les heures supplémentaires effectuées en dehors du contingent	Toutes	Chaque année Avant consultation du CE sur ce sujet
	Bilan annuel du travail à temps partiel : • nombre, sexe et qualification des salariés concernés ; • horaires pratiqués ; • nombres d'heures complémentaires et supplémentaires effectuées	Toutes*	Chaque année
	Bilan d'application de la modulation du travail	Toutes	Chaque année
	Nombre de demandes de congés sabbatiques, de création d'entreprise ou d'exercice de responsabilités de direction au sein d'une jeune entreprise innovante ou de solidarité internationale et suites données à ces demandes	Toutes	Chaque semestre

Domaine de l'information	Contenu de l'information	Entreprises concernées	Périodicité
Méthodes de production	Amélioration, renouvellement ou transformation de l'équipement ou des méthodes de production et d'exploitation avec leurs incidences sur les conditions de travail et d'emploi	Toutes*	■ Chaque trimestre dans les entreprises ≥ 300 salariés ■ Chaque semestre dans les entreprises < 300 salariés
Emploi	Méthodes et techniques d'aide au recrutement utilisées dans l'entreprise	Toutes	Lors de l'introduction et de la modification de ces méthodes
	Analyse de la situation de l'emploi : • évolution mois par mois des effectifs et qualifications des salariés par sexe ; • motif de recours pour les salariés en CDD, à temps partiel, intérimaires ou d'entreprises extérieures	Toutes*	■ Chaque trimestre dans les entreprises ≥ 300 salariés ■ Chaque semestre dans les entreprises < 300 salariés
	Contrats d'apprentissage : • nombre d'apprentis engagés, âge, sexe, diplôme ou titre obtenu et perspectives d'emploi ; • décision d'opposition à l'engagement d'apprentis par l'inspecteur du travail	Toutes	Chaque année (en même temps que la consultation sur le plan de formation)
			Dès réception de la notification
	Déclaration d'emploi des travailleurs handicapés	Entreprises ≥ 20 salariés*	Chaque année
	Adhésion à un groupement d'employeurs	Toutes	Dès l'adhésion au groupement
	Plan d'égalité professionnelle	Toutes	Information régulière
	Contrats aidés (CIE, CI-RMA, contrats d'accompagnement dans l'emploi et contrats d'avenir) : • conclusion des conventions ; • bilan des embauches réalisées	Toutes	Dès la conclusion de la convention
			■ Chaque trimestre dans les entreprises ≥ 300 salariés ■ Chaque semestre dans les entreprises < 300 salariés

Domaine de l'information	Contenu de l'information	Entreprises concernées	Périodicité
Emploi	**Recours à certains contrats :** Éléments qui ont conduit l'employeur à faire appel, au titre de la période écoulée, et qui pourraient le conduire à faire appel pour la période à venir, à des CDD, à des contrats de mission conclus avec une entreprise de travail temporaire ou à des contrats conclus avec une entreprise de portage salarial	Toutes	Chaque année, dans les entreprises de moins de 300 salariés, dans le cadre du rapport sur la situation économique de l'entreprise Chaque trimestre, dans les entreprises de 300 salariés et plus
	Projet de restructuration ou de compression d'effectif affectant la sous-traitance	Entreprise sous-traitante	Information immédiate
	Négociation d'un dispositif de gestion prévisionnelle des emplois et des compétences	Entreprises ≥ 300 salariés	Tous les 3 ans
Droits collectifs	Modifications apportées aux conventions et accord collectifs	Toutes	Chaque année
	Révocation d'un usage, d'un accord atypique ou d'un engagement unilatéral de l'employeur	Toutes	Délai de préavis suffisant
	Droit d'expression des salariés (information sur les demandes, avis et propositions)	Toutes	Périodicité prévue par accord
Santé et sécurité	Bilan annuel de la situation générale de la santé, de la sécurité et des conditions de travail et programme annuel de prévention des risques professionnels et d'amélioration des conditions de travail (avec avis du CHSCT)	Toutes	Chaque année

Domaine de l'information	Contenu de l'information	Entreprises concernées	Périodicité
Santé et sécurité	**Formation à la sécurité** : • actions de formation à la sécurité menées au cours de l'année ; • rapport sur les actions réalisées et programme des actions proposées dans l'année à venir	Entreprises < 300 salariés Entreprises ≥ 300 salariés	Chaque année
	Rapport d'activité du médecin du travail	■ Obligatoire : entreprises > 300 salariés ■ À la demande du CE : entreprises ≤ 300 salariés	Au plus tard le 30 avril de chaque année
	Notes de services relatives à la santé et à la sécurité	Toutes	Dès leur application

** Ces informations peuvent être contenues dans un rapport annuel unique remis par l'employeur au CE* (voir p. 86).

Dans quels cas le CE doit-il être consultés ?

L'employeur doit consulter le CE avant de prendre certaines décisions d'ordre économique

Le rôle du CE est essentiellement consultatif. Ainsi, le chef d'entreprise est tenu de consulter le comité avant de prendre un certain nombre de décisions *(voir tableau ci-après)*.

Pour ce faire, il doit fournir au comité des informations précises et écrites et lui laisser un délai suffisant pour qu'il puisse les examiner.

La consultation donne lieu à discussion. Discussion au cours de laquelle l'employeur est tenu de présenter les informations qui ont été transmises préalablement et de fournir des réponses motivées aux observations et aux questions des membres du CE.

À l'issue de la discussion, le CE émet un avis ou des vœux sur la question qui lui a été soumise.

L'employeur n'est pas lié par l'avis du comité, celui-ci n'ayant pas le pouvoir de contrer l'employeur qui reste seul juge des décisions à prendre. L'employeur doit cependant rendre compte de la suite qu'il a donné aux avis et aux vœux du comité et motiver cette suite, qu'elle soit conforme ou non aux désirs dudit comité.

→ *Dans certains cas très précis, l'avis conforme, l'absence d'opposition ou l'accord du comité est nécessaire (nomination ou licenciement du médecin du travail, mise en place d'horaires individualisés, remplacement du paiement des heures supplémentaires par un repos compensateur, etc.). Dans ces cas, le comité dispose alors d'un véritable pouvoir de décision, l'employeur ne pouvant appliquer la mesure si le comité s'y refuse.*

Le CE est également informé et consulté après notification à l'entreprise de l'attribution directe, par une personne publique, de subventions supérieures à 200 000 €, de prêts ou avances remboursables supérieurs à 1 500 000 €. Cette disposition s'applique dans les mêmes conditions aux subventions, prêts et avances remboursables attribués dans le cadre de programmes ou fonds communautaires. Dans ce cas, l'information et la consultation portent sur la nature de l'aide, son objet, son montant et les conditions de versement et d'emploi fixées, le cas échéant, par la personne publique attributrice. Ces dispositions ne sont toutefois applicables ni aux financements qui sont attribués par les collectivités publiques aux établissements publics qui leur sont rattachés, ni aux subventions pour charges de service public attribuées par une collectivité publique.

Thème de la consultation	Objet de la consultation
Organisation, gestion et marche générale de l'entreprise	■ Mesures économiques affectant le volume ou la structure des effectifs, la durée du travail, les conditions d'emploi, de travail et de formation professionnelle du personnel ■ Modification de l'organisation économique ou juridique de l'entreprise (fusion, cession, modification des structures de production, acquisition ou cession de filiales, prise de participation dans une société, etc.) ■ Projet de bilan social*
Emploi	**Questions générales*** : • évolution de l'emploi et des qualifications de l'année passée ; • prévisions annuelles ou pluriannuelles ; • actions de prévention ou de formation projetées **Égalité professionnelle** : • rapport comparatif sur les conditions générales d'emploi et de formation des hommes et des femmes dans l'entreprise* ; • mise en place d'un plan d'égalité professionnelle (en absence d'accord collectif à ce sujet) ; • étude éventuelle de l'audit sur ce problème **Contrats de travail à durée déterminée et temporaires** : • conclusion en cas de départ définitif d'un salarié avant suppression de son poste ; • conclusion en cas de commandes exceptionnelles à l'exportation ; • conclusion d'un contrat en cas de licenciement économique dans les 6 mois précédents ; • programme de formation et condition d'accueil ; **Télétravail** : • consultation lors de l'introduction du télétravail dans l'entreprise ; • consultation sur les modifications apportées ultérieurement **Emploi des handicapés** : • contrats des handicapés en entreprises adaptées ; • problèmes généraux d'emploi des handicapés dans l'entreprise (conditions de travail, aménagement des postes de travail, mesures relatives à l'obligation d'emploi, etc.) **Aides à l'emploi** : • projet de conclusion d'une convention avec le Fonds national de l'emploi ; • projet de conclusion d'une convention d'aide au conseil ; • projet de conclusion d'une convention d'aide à l'élaboration d'un plan de gestion prévisionnel ; • projet de conclusion d'une convention au titre de l'activité partielle de longue durée
Conditions de travail	Problèmes généraux (réorganisation du travail, technologie, conditions d'emploi, organisation du temps de travail, qualification et modes de rémunération)

Thème de la consultation	Objet de la consultation
Discipline	■ Mise en place et modifications du règlement intérieur ■ Notes de service portant sur les sujets relevant du règlement intérieur ■ Mise en place de moyens et de techniques permettant le contrôle de l'activité des salariés (télé-surveillance, « badgeage », entretiens d'évaluation, etc.)
Droit d'expression	Modalité d'exercice du droit d'expression des salariés (à défaut d'accord d'entreprise)*
Temps de travail et congés	**Durée et aménagement du temps de travail :** • fixation ou modification des horaires collectifs ; • réduction du temps de travail ; • mise en place d'horaires à temps partiel, etc. Congés payés : • fixation de la période des congés payés et fermeture de l'entreprise ; • modalités d'attribution des chèques-vacances Autres congés : • refus des congés de création d'entreprise ou d'exercice de responsabilités de Direction au sein d'une jeune entreprise innovante, sabbatique, de formation économique, sociale et syndicale, de formation des cadres et animateurs pour la jeunesse, de participation à des instances de la formation professionnelle, de représentation d'une mutuelle ou d'une association ; • congés de formation *(voir ci-après « Formation professionnelle »)* Chômage partiel : • avis accompagnant la demande préalable de mise au chômage partiel auprès de l'Administration ; • demande de convention d'allocation conventionnelle et mesures prévues pour le redressement économique de l'entreprise
Épargne salariale	Les accords de participation, d'intéressement, le Perco, les plans d'épargne d'entreprise peuvent être conclus par le CE. Sinon, l'accord doit leur être soumis pour avis
Santé et sécurité	Médecine du travail : • organisation et fonctionnement du service de santé au travail ; • observation sur le rapport annuel d'activité du service* ; • observations sur les rapports d'activité des médecins du travail* Programmes de formation à la sécurité
Licenciement	Licenciements économiques : • projet ; • procédure ; • ordre des licenciements Licenciement d'un salarié protégé

Thème de la consultation	Objet de la consultation
Formation professionnelle	■ Orientation de la formation professionnelle dans l'entreprise* ■ Exécution du plan de formation de l'année précédente, de l'année en cours et projet pour l'année à venir* ■ Congés de formation, conditions de mise en œuvre du droit individuel à la formation (DIF), des périodes et contrats de professionnalisation et des conditions d'accueil des jeunes* ■ Exécution des engagements de développement de la formation* ■ Objectifs de l'entreprise en matière d'apprentissage, nombre d'apprentis susceptibles d'être accueillis, conditions de mise en oeuvre des contrats, modalités de liaisons entre l'entreprise et le CFA ■ Formations organisées sur les lieux de production
Recherche et développement	■ Politique de recherche et de développement technologique (crédits, moyens affectés à la recherche)* ■ Projet important d'introduction de nouvelles technologies (informatique, robotique, etc.) susceptibles d'avoir des conséquences sur l'emploi ■ Plan d'adaptation en cas de mutations technologiques importantes et rapides
Garanties collectives	Mise en place ou modification d'une garantie collective de prévoyance ou de retraite complémentaire
Logement	■ Affectation de la contribution patronale à l'effort de construction ■ Questionnaire logement compris dans la demande d'introduction des travailleurs étrangers
Frais de carburant ou d'alimentation électrique	Mise en place de la prise en charge de ces frais par l'employeur

** Consultation se déroulant dans le cadre du rapport annuel unique.*

Qu'est ce que le rapport unique ?

Une procédure simplifiée pour les PME…

Dans les entreprises de moins de 300 salariés, l'employeur remet pour avis au CE, une fois par an, un rapport unique qui se substitue à certaines informations et documents à caractère économique, social et financier soumis au comité pour information ou pour avis.
Ce rapport doit être remis aux membres du comité quinze jours avant la réunion au cours de laquelle il sera discuté.
Le rapport annuel porte sur :
- l'activité et la situation financière de l'entreprise ;

• le bilan du travail à temps partiel dans l'entreprise ;
• l'évolution de l'emploi, des qualifications, de la formation et des salaires ;
• la situation comparée des conditions générales d'emploi et de formation des hommes et des femmes ;
• les actions en faveur de l'emploi des travailleurs handicapés dans l'entreprise.

Ce rapport, éventuellement modifié après la réunion, est tenu à la disposition de l'inspecteur du travail accompagné de l'avis du comité, dans les quinze jours qui suivent la réunion.
À l'occasion de la remise de ce rapport, l'employeur informe le CE sur le recours aux contrats mentionnés dans le tableau page 80.

... désormais accessible à toutes les entreprises

Dans les entreprises de 300 salariés et plus, la remise d'un rapport unique est également possible à condition qu'un accord collectif le prévoit.

➔ *Ce rapport n'exonère par l'employeur de son devoir d'information et de consultation sur les autres thèmes.*

Quelles sont les autres attributions du CE en matière économique ?

Il peut négocier des accords d'entreprise

■ Dans les entreprises dépourvues de délégué syndical (ou de délégué du personnel faisant fonction de délégué syndical), le CE peut négocier des accords d'entreprise avec l'employeur *(sur ce point, voir précisions p. 49).*
Pour ce faire, il est cependant nécessaire que la convention collective de branche, ou un accord professionnel étendu, prévoit ce mode de conclusion. Ce texte fixe les thèmes ouverts à ce mode de négociation dérogatoire, les conditions de majorité nécessaires et leurs modalités de suivi.

Pour avoir valeur d'accord collectif du travail, les accords ainsi négociés doivent être approuvés par une commission paritaire nationale de branche. Ils ne peuvent entrer en application qu'après leur dépôt, accompagné de l'extrait de procès-verbal de validation de la commission paritaire, auprès de la direction départementale du travail.

■ Les accords de participation, d'intéressement ou de plan d'épargne peuvent être conclus entre le chef d'entreprise et la délégation du personnel au CE statuant à la majorité. Un extrait du procès-verbal de la séance au cours de laquelle l'accord a été conclu doit être joint à celui-ci lors de son dépôt à la direction départementale du travail et de l'emploi.

Il est chargé de la mise en place des CHSCT

Ce sont les membres élus du CE (avec les délégués du personnel) qui désignent les représentants du personnel au CHSCT *(voir p. 111)*.
Par ailleurs, dans les entreprises de 500 salariés et plus, le CE détermine le nombre de CHSCT à créer en accord avec l'employeur.

Il dispose d'un droit d'alerte

Lorsque le CE a connaissance de faits de nature à affecter de manière préoccupante la situation économique de l'entreprise, il peut demander à l'employeur de lui fournir des explications. La loi ne précise pas la nature des faits concernés. Il peut s'agir de défauts répétés de paiement, du refus d'approbation des comptes par l'assemblée générale, de pertes importantes, d'une diminution anormale des commandes, d'un recours excessif à l'emprunt, etc.

→ *La procédure d'alerte concerne l'entreprise dans son ensemble, elle doit être déclenchée par le comité central dans les entreprises à établissements multiples.*

Cette demande est inscrite de droit à l'ordre du jour de la prochaine séance du comité.
S'il n'a pu obtenir de réponse suffisante de la part de l'employeur ou si celui-ci confirme le caractère préoccupant de la situation, la commission économique ou, à défaut, le comité établit un rapport. Pour établir ce rapport, le comité peut se faire assister d'un expert-comptable. Il peut également convoquer le commissaire aux comptes et s'adjoindre, avec voix consultative, deux salariés de l'entreprise choisis pour leur compétence en dehors du CE. Ces salariés disposent, dans le cadre de cette mission, de cinq heures chacun, rémunérées comme temps de travail. Le rapport est transmis à l'employeur et au commissaire aux comptes. Le comité peut également décider de le communiquer :
• au conseil d'administration ou de surveillance ou à l'organe chargé de l'administration ou de la surveillance dans les entreprises qui en sont dotées.

Dans ce cas, la question doit être inscrite à l'ordre du jour de la prochaine séance du conseil. Il délibère dans le mois de sa saisine et apporte une réponse motivée qu'il transmet au comité dans le mois qui suit cette délibération ;
• aux associés dans les autres formes de sociétés ou aux membres de groupements d'intérêt économique (GIE). Dans ce cas, c'est le gérant ou les administrateurs de la société qui transmettent aux intéressés le rapport du comité dans les huit jours de la délibération dudit comité.

Il peut demander une expertise judiciaire de gestion...

Dans les sociétés anonymes et les sociétés à responsabilité limitée, le CE peut demander au tribunal de commerce la désignation d'experts chargés de présenter un rapport sur une ou plusieurs opérations de gestion *(sur les experts auxquels peut faire appel le CE, voir p. 94)*.

... et faire récuser ou révoquer les commissaires aux comptes

Dans les sociétés ou groupements tenus de désigner un commissaire aux comptes, le CE peut demander au tribunal de commerce :
• la récusation d'un ou de plusieurs des commissaires aux comptes, pour motif juste, c'est-à-dire en cas de doutes sérieux sur la compétence, l'impartialité ou l'indépendance du ou des intéressés ;
• la révocation du ou de plusieurs de ces commissaires aux comptes avant la fin de leur mandat pour faute ou empêchement (incompatibilité juridique, maladie ou même surcharge de travail).
La demande doit être présentée dans les trente jours suivant la désignation du ou des commissaires aux comptes par l'assemblée générale (en cas de récusation) ou de la connaissance du fait invoqué à l'appui de la demande de révocation.

Il est partie prenante en cas de sauvegarde, de redressement ou de liquidation judiciaire de l'entreprise

Le CE doit être consulté, informé et auditionné à tous les stades de la procédure. Avant l'ouverture de la procédure, l'employeur doit réunir le comité pour qu'il désigne, parmi ses membres, le mandataire habilité à exercer en son nom les voies de recours et les personnes chargées de le représenter lorsque son audition est requise.

Le CE désigne également le représentant des salariés chargé de vérifier les relevés des créances nées des contrats de travail soumis par le mandataire judiciaire (représentant des créanciers).

➔ *Le représentant des salariés doit être choisi, dans les 10 jours du prononcé du jugement d'ouverture de la procédure, parmi les salariés de l'entreprise. Il doit :*
- *être âgé de 18 ans révolus ;*
- *jouir de ses droits civiques* (voir p. 17) *;*
- *ne pas faire partie de la famille de l'employeur* (voir p. 21).

Dans les entreprises dépourvues de CE, le représentant des salariés est désigné par les délégués du personnel. À défaut, il est désigné par l'ensemble des salariés de l'entreprise au cours d'un vote secret au scrutin uninominal à 1 tour.

Il assiste aux conseils d'administration et aux assemblées générales des sociétés

■ Le CE doit être représenté aux séances du conseil d'administration ou de surveillance des sociétés qui en sont dotés.
À cet effet, il désigne deux de ses membres (titulaires ou suppléants) dont un appartenant à la catégorie des cadres et de la maîtrise. Lorsque le comité comporte trois collèges, la délégation est composée de quatre membres : deux pour la catégorie des ouvriers et employés, un pour la maîtrise et un pour les cadres.
Ces représentants sont désignés par vote, à la majorité des voix.
Les membres du comité assistent aux séances du conseil d'administration ou de surveillance avec voix consultative : ils peuvent participer à la discussion, émettre des vœux, mais n'ont pas le droit de vote.

■ Le comité peut également demander au tribunal de commerce la désignation d'un mandataire chargé de convoquer l'assemblée générale des actionnaires en cas d'urgence et requérir l'inscription de projets de délibération à l'ordre du jour de cette assemblée.

- Deux membres du comité, dont l'un appartient à la catégorie des cadres et l'autre à la catégorie des ouvriers et employés, peuvent également assister aux assemblées générales et être entendus lors des délibérations requérant l'unanimité des associés.

➔ *Dans les sociétés anonymes dans lesquelles le conseil d'administration ou de surveillance comprend des administrateurs élus par les salariés, la représentation du CE auprès de ces conseils est assurée par un membre titulaire du comité. C'est alors ce représentant qui est chargé d'assister aux assemblées générales.*

Les attributions d'ordre social et culturel du CE

Le CE assure, contrôle ou participe à la gestion de toutes les activités sociales et culturelles établies dans l'entreprise au bénéfice des salariés ou de leur famille, quel qu'en soit le mode de financement. Son rôle ne se cantonne cependant pas à la gestion des activités existantes : il peut décider de créer les nouvelles activités qu'il juge nécessaires ou en supprimer d'autres.

Des activités très diverses

Il est impossible de faire une liste exhaustive des activités concernées. Il peut s'agir notamment :

- des institutions sociales de prévoyance et d'entraide telles que les institutions de retraite, les sociétés de secours mutuels ;
- des activités sociales et culturelles tendant à l'amélioration des conditions de bien-être, telles que les cantines, les coopératives de consommation, les logements, les jardins ouvriers, les crèches, les colonies de vacances ;
- des institutions d'ordre professionnel ou éducatif attachées à l'entreprise ou dépendant d'elle, telles que les centres d'apprentissage et de formation professionnelle, les bibliothèques, les cercles d'études, les cours de culture générale et d'enseignement ménager ;
- les services sociaux de l'entreprise ;
- les activités sociales et culturelles ayant pour objet l'utilisation des loisirs et l'organisation sportive ;
- le service de santé institué dans l'entreprise, etc.

En bref, son domaine de compétence s'applique à toutes les activités :

- que l'employeur n'est pas tenu d'assurer lui-même de par la loi, la convention collective ou le contrat de travail individuel ;
- instituées prioritairement au bénéfice des salariés (ou retraités) de l'entreprise ou de leur famille ;
- visant l'ensemble du personnel, sans discrimination ;
- et destinées à améliorer les conditions d'emploi et de vie au sein de l'entreprise.

Il s'agit le plus souvent de prestations en nature (crèche, voyages, fêtes, salle de sport, etc.), mais le comité peut également accorder des avantages financiers : prime de naissance, de vacances, Cesu préfinancé, secours exceptionnels aux salariés en difficulté, etc.

Avec des modes de gestion différents

Le pouvoir du comité s'exerce différemment selon la nature de l'activité.

■ Il gère directement les activités qui n'ont pas de personnalité civile, par l'entremise d'une commission spéciale ou d'organismes créés par lui, à l'exception des centres d'apprentissage et de formation professionnelle ou des activités dont l'objet est d'assurer au personnel des logements ou des jardins ouvriers.

➔ *Le comité reçoit généralement une subvention de l'employeur pour financer les activités sociales et culturelles qu'il gère directement* (voir plus loin).

■ Il participe à la gestion des autres activités qui possèdent la personnalité civile en désignant dans leurs conseils d'administration au moins la moitié des membres choisis au sein du comité ou parmi les adhérents et bénéficiaires des activités en question.

■ Enfin, il contrôle simplement la gestion :

• des sociétés de secours mutuel et des organismes de sécurité sociale établis dans l'entreprise, des activités sociales ayant pour objet d'assurer au personnel des logements ou des jardins ouvriers, ainsi que des centres d'apprentissage et de formation professionnelle. Pour ce faire, le comité désigne deux représentants auprès des organes de contrôle de ces institutions (conseils d'administration, commissions de contrôle), choisis parmi les participants desdites institutions ou au sein du comité ;

• des services de santé au travail institués dans l'entreprise.

➔ *Un comité interentreprises peut être chargé de gérer les institutions sociales communes à différentes entreprises. De même, le comité central d'entreprise peut gérer les institutions sociales communes à plusieurs établissements* (voir p. 68).

Les moyens du CE

Par qui le CE peut-il se faire aider ?

Il peut convoquer le commissaire aux comptes

Le CE peut convoquer le ou les commissaires aux comptes chargés de contrôler l'entreprise pour recevoir ses explications sur les différents postes des documents communiqués au CE dans les sociétés commerciales (documents transmis à l'assemblée générale des actionnaires et rapport des commissaires aux comptes) ainsi que sur la situation financière de l'entreprise.

Les commissaires aux comptes ainsi convoqués ne peuvent refuser de s'y soumettre. À défaut, ils peuvent être poursuivis pour délit d'entrave.

Fiche 8

Les commissaires aux comptes peuvent ainsi fournir des explications sur les documents communiqués, mais également donner des renseignements supplémentaires sur la situation financière de l'entreprise.

➔ *Les commissaires aux comptes doivent également transmettre au CE les documents établis suite au « droit d'alerte » dont ils disposent lorsqu'ils ont connaissance de faits de nature à compromettre la continuité de l'exploitation de l'entreprise.*

Il peut se faire assister par des experts

Le CE peut se faire assister par des experts, librement choisis. Ceux-ci peuvent assister aux réunions du CE consacrées aux questions relevant de leur mission.

■ Dans toutes les entreprises, le comité peut se faire assister d'un expert-comptable de son choix :

• en vue de l'examen annuel des comptes de la société, avant la réunion consacrée à cet examen ;

• dans la limite de deux fois par exercice, pour examiner les documents de gestion prévisionnelle que les entreprises de plus de 300 salariés et dont le chiffre d'affaires est au moins égal à 18 millions d'euros sont tenues d'établir ;

• une fois par exercice, en vue d'établir un rapport lorsqu'il a eu connaissance de faits de nature à affecter de manière préoccupante la situation économique de l'entreprise (« droit d'alerte ») ;
• en cas de consultation sur les licenciements économiques ;
• pour assister la commission économique instituée dans les entreprises d'au moins 1 000 salariés ;
• lors de la présentation du rapport relatif à la réserve spéciale de participation.

La mission de l'expert-comptable porte sur tous les éléments d'ordre économique, financier ou social nécessaires à la compréhension des comptes et à l'appréciation de la situation de l'entreprise.

Il a accès aux mêmes documents que le commissaire aux comptes et peut se faire communiquer tous les autres documents nécessaires à sa mission.

→ *Lorsque le CE fait appel à lui dans les cas prévus par la loi, l'expert-comptable est rémunéré par l'entreprise. En cas de litige, portant notamment sur le montant des honoraires demandés, le président du tribunal de grande instance est compétent.*

■ Dans les entreprises d'au moins 300 salariés, le comité peut avoir recours à un expert lorsqu'il est consulté sur un projet important concernant l'introduction de nouvelles technologies (changement de matériel informatique, par exemple).

Il doit s'agir d'une personne qualifiée pour l'étude des conséquences de l'introduction des nouvelles technologies considérées (ingénieur, économiste, ergonome, etc.).

Le recours à cet expert fait l'objet d'un accord entre l'employeur et la majorité des membres élus du comité.

L'expert doit recevoir les éléments d'information communiqués au CE en la matière. Il est rémunéré par l'employeur, le président du tribunal de grande instance étant compétent en cas de contestation (nécessité d'une expertise, choix de l'expert, rémunération, etc.).

■ Le CE peut faire appel à tout expert pour la préparation de ses travaux. Le recours à ces experts donne lieu à délibération du CE. Le vote de la majorité des membres présents est donc requis.

L'expert choisi par le comité à accès aux documents détenus par celui-ci et peut assister aux réunions consacrées à la question sur laquelle il a établi un rapport.

Cet expert est rémunéré par le CE lui-même sur son budget de fonctionnement.

➔ *Le recours à un expert est également possible lorsque l'entreprise est partie à une opération de concentration ou lorsqu'elle fait l'objet d'une OPA ou d'une OPE.*

Il peut également disposer de personnel salarié

Dans les entreprises importantes, le CE, qui dispose de la personnalité juridique, peut avoir recours à du personnel fixe pour assurer son fonctionnement administratif et la gestion de ses activités sociales et culturelles. Il peut s'agir de salariés :

- faisant partie de l'entreprise et détachés par l'employeur à cet effet. Ce personnel peut alors soit être rémunéré par l'entreprise soit être rémunéré par le CE sur son budget de fonctionnement. Dans ce dernier cas, le CE devient l'employeur du salarié et peut, si nécessaire, décider de le licencier ;
- directement engagés par le CE. Dans ce cas, le comité est le seul employeur et doit respecter les obligations qui en découlent (déclaration préalable à l'embauche, fixation et paiement du salaire, établissement des bulletins de paie, paiement des cotisations sociales, etc.). Si le comité emploie au moins onze salariés, il est tenu d'organiser des élections de délégués du personnel. En revanche, la question de la mise en place d'un CE par le CE « employeur » d'au moins 50 salariés n'est réglée ni par la loi ni par la jurisprudence.

De quels moyens matériels le CE dispose-t-il ?

L'employeur doit lui fournir un local...

L'employeur doit mettre à la disposition du comité un local éclairé, chauffé et aménagé afin d'y tenir ses réunions. Ce local doit donc comporter au minimum les chaises et les tables nécessaires au bon déroulement des réunions ainsi qu'une armoire fermant à clef permettant de conserver les documents.
Il peut s'agir d'un local commun au CE et aux délégués du personnel *(voir chapitre II)*. Dans ce cas, il est préférable de fixer les droits de chacun des utilisateurs.
Tous les membres du comité (employeur, titulaires, suppléants, représentants syndicaux au CE) doivent avoir libre accès à ce local pour les activités entrant dans leur mission.

L'employeur doit également mettre à la disposition gratuite du comité les locaux nécessaires au fonctionnement des œuvres sociales obligatoires.

... ainsi qu'un matériel de base

L'employeur est également tenu de fournir au CE le matériel de base : ordinateur, photocopieuse, ligne téléphonique excluant toute possibilité d'interception des communications et d'identification des correspondants.
En revanche, les frais courants de fonctionnement (frais d'abonnement et communications téléphoniques, papeterie, documentations, etc.) sont à la charge du comité qui doit les imputer sur son budget de fonctionnement.

Il peut également posséder des biens immobiliers

Enfin, les CE peuvent acheter ou louer des immeubles, sans autorisation, pour y installer les activités sociales et culturelles qu'ils ont créées ou qu'ils gèrent (colonie de vacances, maison de repos, etc.).

Quelles sont les ressources du CE ?

Le CE reçoit une subvention de fonctionnement de l'employeur...

L'employeur doit verser au comité une subvention destinée à assurer ses moyens de fonctionnement administratif (rémunération du personnel, de certains experts, prise en charge des frais de déplacement de ses membres, documentation, papeterie).
Le montant minimum annuel de cette subvention est fixé à 0,2 % de la masse salariale versée au niveau de l'entreprise durant l'année en cours. Cette masse salariale est constituée par les rémunérations brutes versées au titre de l'exercice, déduction faite des cotisations patronales et des remboursements de frais.

Dans les établissements distincts, chaque comité d'établissement a droit à sa quote-part de cette subvention, calculée sur la masse salariale de l'établissement, à charge pour lui d'en rétrocéder une partie au comité central d'entreprise.

Le versement de cette subvention est obligatoire. L'employeur peut toutefois s'en dispenser lorsqu'il fait bénéficier le comité d'une somme ou de moyens en personnel équivalant au montant de la subvention due. Les sommes ou moyens en personnel attribués par l'employeur pour les activités sociales et culturelles du comité ne doivent pas être prises en compte.

➔ *En cas de litige concernant le paiement de cette subvention, le CE dispose d'un délai de cinq ans pour agir en justice à compter de la date à laquelle il a connaissance de la masse salariale en déterminant le montant (ce qu'il appartient aux juges du fond d'apprécier souverainement).*

... et une contribution pour le financement de ses activités sociales et culturelles

Le comité reçoit généralement de l'employeur une contribution destinée au financement de ses activités sociales et culturelles. Cette contribution s'ajoute à la subvention de fonctionnement.

■ Le versement d'une telle contribution est obligatoire lorsque le comité se crée et décide de reprendre à son compte la gestion d'activités sociales et culturelles précédemment assumée par l'employeur.

Le montant annuel de cette contribution ne doit pas être inférieur au total le plus élevé des sommes affectées aux dépenses sociales de l'entreprise atteint au cours des trois années précédant la prise en charge des activités sociales et culturelles par le comité. Il est également précisé que le rapport de la subvention au montant global de la masse salariale brute ne peut être inférieur au même rapport existant pour l'année en cours.

➔ Exemple

Une entreprise crée un CE en 2009. Les trois années précédentes, le montant des dépenses sociales et de la masse salariale se sont élevées respectivement à :

- *2006 : 21 000 € et 850 000 € ;*
- *2007 : 25 500 € et 910 000 € ;*
- *2008 : 22 000 € et 930 000 €.*

L'année de référence prise en compte sera 2007 (année où les dépenses ont été les plus élevées) et le montant minimum de la contribution sera donc de 25 500 €. Le rapport de cette somme à la masse salariale de la même année s'élève à de 25 500 €/910 000 € = 2,8 %. Si, en 2009, la masse salariale atteint 950 000 €, la contribution devra être de 2,8 % de cette masse salariale, soit 26 600 €.

Dans les entreprises à établissements multiples, la répartition de cette contribution entre les divers comités d'établissement peut être effectuée au prorata de leur masse salariale, sans possibilité de prélèvement pour le comité central d'entreprise. Les comités d'établissement peuvent cependant reverser une partie de leur contribution au comité central pour la gestion des activités sociales communes.

Les entreprises où aucune activité sociale ou culturelle n'existait avant la création du CE ne sont pas tenues de verser cette contribution légale. Les conventions collectives, un accord d'entreprise, un usage ou même une décision unilatérale de l'employeur peut cependant prévoir une participation analogue.

Le CE dispose librement des fonds qui lui sont attribués dans la limite :
• des nécessités de son fonctionnement administratif pour la subvention de fonctionnement ;
• de ses attributions sociales pour la contribution destinée à ces activités.
Les deux ressources sont distinctes.

Il peut également disposer d'autres ressources

Le comité peut également disposer des ressources suivantes :
• du remboursement par l'employeur des primes d'assurances dues par le CE pour couvrir sa responsabilité civile ;
• des cotisations du personnel ;
• des subventions des collectivités publiques ou des organisations syndicales ;
• des dons et legs ;
• des recettes procurées par les manifestations qu'il organise ;
• des revenus des biens qu'il possède (meubles et immeubles).

À la fin de chaque année, le comité fait un compte rendu détaillé de sa gestion financière qui doit être affiché dans l'entreprise. Tous les membres du comité doivent avoir accès aux archives et aux documents comptables du CE.

Le CE peut-il agir en justice ?

Oui, mais uniquement pour défendre l'institution...

Fiches 1 & 8

Les CE sont dotés de la personnalité civile. Ils peuvent donc ester en justice pour défendre leurs droits. Ils doivent cependant justifier d'un intérêt personnel et d'un préjudice direct, le CE n'ayant pas pour mission de défendre les intérêts des salariés de l'entreprise ni ceux de la profession. Ainsi, si un comité peut très bien demander la reconnaissance d'une unité économique et sociale afin d'organiser l'élection d'un CE à ce niveau ou poursuivre l'employeur pour délit d'entrave, il ne peut pas demander l'application d'une décision de l'employeur relative au paiement des heures de grève par exemple ou remettre en cause la validité d'un accord d'entreprise.

Si le comité ne peut pas exercer une action en justice au nom des salariés de par la loi, il est toutefois possible que ceux-ci donnent mandat au comité pour exercer cette action en leur nom.

... et par le biais d'un représentant

Le CE étant une personne morale, il ne peut agir lui-même en justice. Il doit se faire représenter par une personne physique qui agira en son nom. Ce représentant, désigné par le comité parmi ses membres, doit être muni d'un mandat spécial.

L'exercice du mandat des membres du CE

De quels moyens disposent les membres du CE ?

Les membres du CE peuvent se déplacer librement dans l'entreprise...

Les membres élus du CE et les représentants syndicaux au comité peuvent circuler librement dans l'entreprise :
- d'une part durant leurs heures de délégation, celles-ci pouvant être prises pendant et en dehors de leur temps de travail ;
- et d'autre part, en dehors de leurs heures de délégation mais, dans ce cas, en dehors de leur temps de travail.

Dans le cadre de leur droit de déplacement, ils peuvent prendre tous les contacts nécessaires à l'accomplissement de leur mission, notamment auprès des salariés à leurs postes de travail, sous réserve de ne pas apporter de gêne importante à l'accomplissement du travail.

... et organiser des réunions avec le personnel

Le CE peut organiser dans le local mis à sa disposition, et en dehors du temps de travail des salariés qui y participent, des réunions d'information, internes au personnel, portant notamment sur des problèmes d'actualité (en cas de projet de restructuration, de licenciements économiques, par exemple). Il peut également inviter des personnalités extérieures, avec l'accord de l'employeur.

Ils doivent respecter certains principes de loyauté et de probité

Les membres titulaires et suppléants ainsi que les représentants syndicaux au CE sont tenus :
- au secret professionnel sur les questions relatives aux procédés de fabrication. La violation de cette obligation est lourdement sanctionnée (amende de 30 000 € et deux ans d'emprisonnement) ;
- à une obligation de discrétion à l'égard des informations présentant un caractère confidentiel et présentées comme telles par l'employeur. Aucune

sanction pénale n'est prévue à cet égard, mais l'employeur peut demander des dommages et intérêts en cas d'indiscrétion et appliquer une sanction disciplinaire à l'encontre du contrevenant.

Le CE peut également être poursuivi au plan civil en raison des actes de gestion ayant causé un préjudice à un tiers (fermeture d'une cantine sous sa responsabilité lors d'une grève d'une partie du personnel, par exemple). Il est également responsable des dommages causés par les choses qu'il a sous sa garde et par ses préposés (accident dans une colonie de vacances, par exemple). D'ailleurs, le CE doit souscrire une assurance pour couvrir sa responsabilité civile. Les primes d'assurance ainsi versées sont remboursées par l'employeur.

Sur le plan pénal, le CE peut être poursuivi en tant que personne morale pour les infractions commises, pour son compte, par ses organes ou ses représentants, même en l'absence de disposition expresse en ce sens. Ce principe de responsabilité d'ordre général s'applique aux infractions commises à compter du 31 décembre 2005. Pour celles commises antérieurement, le CE peut être poursuivi uniquement pour les infractions applicables aux personnes morales, prévues en tant que telles par le Code pénal (diffamation, discrimination, détournement de fonds par exemple).

→ *Les membres du comité peuvent être poursuivis individuellement s'ils ont commis une faute personnelle ou concouru sciemment à la commission d'une faute collective.*

Ils disposent d'un crédit d'heures de délégation

Les membres titulaires du comité (ainsi que les représentants syndicaux auprès du comité dans les entreprises de plus de 500 salariés) ont droit à un crédit d'heures de vingt heures par mois, quel que soit l'effectif de l'entreprise.
Les modalités d'utilisation et de rémunération de ces heures sont identiques à celles appliquées aux heures de délégation des délégués du personnel. Comme pour ces derniers, un dépassement est possible en cas de circonstances exceptionnelles *(voir p. 53)*.

→ *Le secrétaire du comité ne bénéficie d'aucun crédit d'heures supplémentaire pour exercer ses fonctions. De même, un élu cumulant des fonctions dans plusieurs types de CE (membre d'un comité d'établissement désigné comme membre du comité central d'entreprise ou du comité de groupe, par exemple) ne bénéficie pas d'un second contingent de vingt heures par mois, sauf si un accord collectif le prévoit.*

Ils ont droit de suivre une formation économique...

Les membres titulaires du CE ont droit à un stage de formation spécifique lors de leur première élection. Cette formation peut être renouvelée lorsque les élus ont exercé leur mandat pendant quatre années, consécutives ou non.
La durée maximale du stage est de cinq jours.
Les modalités de demande et de réponse de l'employeur sont identiques à celles fixées pour le congé de formation économique et syndicale.

➔ *Ce congé de formation s'impute sur le congé de formation économique, sociale et syndicale. Les règles relatives aux quotas de jours et de salariés absents prévus pour ce congé s'appliquent donc.* Fiche 11

Le temps consacré à la formation est pris sur le temps de travail et rémunéré comme tel par l'employeur. Il ne s'impute pas sur le crédit d'heures. En revanche, le coût de la formation (frais d'inscription et de formation, frais de déplacement) est pris en charge par le comité sur sa subvention de fonctionnement.
Le stage peut être assuré soit par un organisme de formation figurant sur une liste arrêtée par le préfet de région, soit par les centres rattachés à des organisations syndicales représentatives au niveau national ou les instituts spécialisés agréés pour les congés de formation économique, sociale ou syndicale.
Ces stages portent, pour l'essentiel, sur les questions de droit commercial à connaître par le CE :

- les différentes formes juridiques de l'entreprise, les restructurations (fusion, scission, prise de participation) ;
- les mécanismes de base de la comptabilité (bilan, compte d'exploitation, etc.) ;
- les notions de base de l'analyse financière (stocks, investissements, emprunts, etc.) ;
- les procédures de règlement des entreprises en difficulté.

... et bénéficient d'une protection spécifique

Les membres du CE agissant dans le cadre de leurs fonctions sont couverts par l'ensemble de la protection sociale dont bénéficient les autres salariés de l'entreprise. Ils sont couverts par la législation sur les accidents du travail pour tous les accidents survenus dans ce cadre, même s'ils ont lieu en dehors de leurs horaires normaux de travail. Fiche 6
Les membres du comité bénéficient également de la protection contre les licenciements commune à tous les représentants du personnel.

Quelle est la durée du mandat des membres du CE ?

Ils sont élus pour quatre ans

Jusqu'à l'intervention de la loi n° 2005-882 du 2 août 2005 (JO du 3 août), la durée du mandat des membres élus du CE (comme du comité d'établissement ou du CCE) était fixée à deux ans (cette durée est restée applicable aux membres élus jusqu'au 3 août 2005). Pour les élections intervenues depuis le 4 août 2005, la durée du mandat est fixée à quatre ans.
Les membres du comité sont rééligibles *(voir chapitre I)*.
Leur mandat prend effet au jour de la proclamation des résultats par le bureau de vote (en cas de mise en place du CE) ou le jour où expire le mandat des membres du comité sortants (en cas de renouvellement du CE).

➔ *Un accord de branche, un accord de groupe ou un accord d'entreprise, selon le cas, peut fixer une durée du mandat des représentants du personnel aux CE, comités d'établissement, comités centraux d'entreprise et comités de groupe comprise entre deux et quatre ans.*

Le mandat des membres du CE peut être prolongé :
• exceptionnellement en cas de retard indépendant de la volonté de l'employeur ou des organisations syndicales dans le renouvellement des élections ;
• par une clause expresse et non équivoque d'une convention ou d'un accord collectif ayant recueilli l'accord unanime des partenaires sociaux, lorsque les élections n'ont pu avoir lieu avant l'expiration du mandat des membres en exercice ou en cas de modification de la situation juridique de l'employeur, par exemple.

Et peuvent être remplacés si nécessaire

Les fonctions de membre du CE peuvent cesser avant la fin de leur mandat en cas de :
• décès de l'intéressé ;
• démission volontaire de ses fonctions ;
• résiliation de son contrat de travail (démission, licenciement, départ en retraite) ou changement d'établissement ;
• perte des conditions requises pour l'éligibilité ;
• révocation par l'organisation syndicale qui a présenté l'élu, approuvée au scrutin secret par la majorité des membres du collège électoral auquel il appartient.

Dans ces cas (et également lorsqu'ils sont absents momentanément pour un motif quelconque : maladie, congé, etc.), les membres titulaires sont remplacés par des suppléants.
Le remplaçant est choisi en priorité parmi les suppléants appartenant à une liste présentée par l'organisation syndicale ayant également présenté la liste sur laquelle le titulaire à remplacer a été élu. La priorité est donnée au suppléant relevant de la même catégorie professionnelle. À défaut, il sera fait appel au suppléant d'une autre catégorie appartenant au même collège et à défaut, au suppléant d'un collège différent.

En absence de suppléant de même appartenance syndicale, le remplacement est assuré par le suppléant de la même catégorie qui a obtenu le plus grand nombre de voix.

➔ *Le changement de catégorie professionnelle ne met pas fin au mandat de l'intéressé. Un élu dans le collège ouvriers-employés conserve son mandat même s'il est promu cadre au cours de celui-ci.*

Une élection partielle doit être organisée en cas de baisse importante de leur effectif

L'organisation d'élections partielles devient obligatoire si :
• un collège n'est plus représenté. Les élections partielles ont alors pour objet de pourvoir uniquement les sièges de titulaires et de suppléants de ce collège ;
• le nombre des membres titulaires (compte tenu des remplaçants) est réduit de moitié ou plus. Les élections concernent alors tous les sièges vacants, titulaires et suppléants, dans les différents collèges.
L'obligation d'organiser des élections partielles ne s'applique toutefois pas lorsque ces événements interviennent moins de 6 mois avant le terme du mandat des membres du CE.
Les candidats ainsi élus le sont pour la durée du mandat restant à courir.

CHAPITRE IV

LE COMITÉ D'HYGIÈNE, DE SÉCURITÉ ET DES CONDITIONS DE TRAVAIL (CHSCT)

Le CHSCT est chargé de veiller à la santé et à la sécurité des salariés sur leur lieu de travail et peut faire toutes les propositions nécessaires destinées à améliorer les conditions de travail dans l'entreprise.

Composé du chef d'établissement et d'une délégation de représentants du personnel désignés par les membres du comité d'entreprise (CE) et les délégués du personnel, il est informé et donne son avis sur toutes les questions relevant de son domaine de compétence. Il peut également intervenir en cas de danger.

Le CHSCT est l'interlocuteur privilégié de l'employeur en matière de santé et de sécurité mais également celui du médecin du travail, de l'inspecteur du travail et des agents contrôleurs des caisses d'assurance maladie avec qui il collabore étroitement.

Le statut des membres du CHSCT est harmonisé avec celui des autres représentants du personnel. Ils disposent d'un crédit d'heures pour mener à bien leurs missions, ils peuvent se déplacer librement dans l'entreprise et sont protégés contre le licenciement. Ils ont également droit à une formation spécifique, renouvelable tous les quatre ans.

La mise en place du CHSCT

Quelles sont les entreprises concernées ?

En principe toutes les entreprises

Toutes les entreprises tenues de respecter les règles de santé et de sécurité prévues par le Code du travail doivent mettre en place un CHSCT, c'est-à-dire :

- les employeurs de droit privé ;
- les établissements publics à caractère industriel et commercial (EPIC) ;
- les établissements publics administratifs (EPA) lorsqu'ils emploient du personnel dans les conditions du droit privé ;
- les établissements de santé, sociaux et médico-sociaux mentionnés à l'article 2 de la loi n° 86-33 du 9 janvier 1986 portant dispositions statutaires relatives à la fonction publique hospitalière.

Pour les EPIC, les EPA et les établissements de santé, sociaux et médico-sociaux mentionnés ci-dessus, les dispositions applicables peuvent faire l'objet d'adaptations, par décret, compte tenu des caractéristiques particulières de certains de ces établissements et des organismes de représentation du personnel existants. Ces adaptations assurent les mêmes garanties aux salariés.

Les dispositions applicables peuvent également être complétées ou adaptées par décret pour tenir compte des spécificités des entreprises et établissements relevant des mines, des carrières et de leurs dépendances.

➔ *Des dispositions plus favorables que celles prévues par la loi, concernant le fonctionnement, la composition ou les pouvoirs des CHSCT, peuvent résulter d'accords collectifs ou d'usages.* ! Fiche 1

Atteignant un certain seuil d'effectif

■ La constitution d'un CHSCT est obligatoire dans tous les établissements occupant au moins 50 salariés. Si une entreprise compte trois établissements d'au moins 50 salariés, elle devra donc mettre en place un CHSCT pour chacun de ces établissements.

À défaut de CHSCT dans les établissements de 50 salariés et plus, les délégués du personnel de ces établissements ont les mêmes missions et moyens que les membres desdits comités ; ils sont également soumis aux mêmes obligations. Dans ce cas, le nombre de délégués est par ailleurs augmenté dans les entreprises de 50 à 199 salariés *(voir p. 12)*.

Fiche 2

La mise en place d'un CHSCT ne s'impose que si l'effectif d'au moins 50 salariés, apprécié selon les règles fixées par l'article L. 1111-2 du Code du travail, a été atteint pendant 12 mois consécutifs ou non au cours des trois années précédentes.

■ Les établissements d'au moins 500 salariés peuvent créer plusieurs comités pour tenir compte de la nature, de la fréquence et de la gravité des risques, de la dimension et de la répartition des locaux ou des modes d'organisation du travail. Le nombre de CHSCT est fixé par le CE, en accord avec l'employeur ; à défaut, l'inspecteur du travail est compétent.

■ Les établissements de moins de 50 salariés, quant à eux, sont en principe dispensés d'instituer un CHSCT. Les missions dévolues à ce dernier sont alors exercées par les délégués du personnel, sans autres moyens que ceux dont ils disposent pour leurs fonctions. Toutefois, ces établissements :

- peuvent être tenus, à la demande de l'inspecteur du travail, d'instituer un CHSCT en raison de la nature des travaux accomplis, de l'agencement ou de l'équipement des locaux ;
- ont la possibilité de se regrouper sur un plan professionnel ou interprofessionnel pour constituer un CHSCT commun dont les membres sont désignés par l'ensemble des représentants élus des entreprises concernées (délégués du personnel et membres du CE).

L'administration du travail peut mettre en place un comité interentreprises de santé et de sécurité au travail (CISST), chargé d'assurer la concertation entre les CHSCT des différents établissements comportant une installation à haut risque industriel.

Fiche 12

Quelle est la composition du CHSCT ?

Des membres ayant voix délibérative

Le comité comprend des membres ayant voix délibérative (dont le vote est pris en compte pour les décisions du CHSCT) qui sont :

• l'employeur ou son représentant, qui en assure la présidence ;
• une délégation de représentants du personnel *(voir ci-dessous)*, parmi lesquels est choisi le secrétaire du comité.

Et des membres ayant voix consultative

Le comité est également composé de membres ayant voix consultative (dont le vote n'est qu'indicatif et donc non pris en compte pour les décisions du CHSCT). Il s'agit des personnes occupant des fonctions en relation avec l'hygiène et la sécurité dans l'entreprise : le médecin du travail, le chef du service de sécurité et des conditions de travail ou, à défaut, l'agent chargé de la sécurité et des conditions de travail. Certains accords collectifs prévoient par ailleurs la désignation de représentants syndicaux.

➔ *D'autres personnes peuvent occasionnellement être appelées à participer aux réunions du CHSCT en fonction du thème abordé comme le responsable de formation, le conseiller du travail, l'assistant du service social, l'infirmier du travail.*
L'inspecteur du travail et les agents des services de prévention des organismes de sécurité sociale peuvent également demander à prendre part aux réunions lorsqu'ils le souhaitent.

Comment la délégation du personnel au CHSCT est-elle désignée ?

Par les représentants du personnel…

Les membres de la délégation du personnel au CHSCT sont désignés par les délégués du personnel et les membres élus du CE (ou du comité d'établissement) titulaires, réunis en collège électoral (ou « désignatif ») au cours d'un vote qui doit avoir lieu au scrutin secret sous enveloppe.
Les membres du collège désignatif doivent se réunir en un même lieu et à la même date pour procéder par voie d'élection à la désignation des membres du CHSCT. Seul un accord unanime peut déroger à cette règle de nature électorale ; à défaut, la désignation intervenue en des lieux distincts est nulle.

Le Code du travail est peu formaliste sur le mode de désignation des représentants du personnel au CHSCT et laisse le soin au collège électoral de le fixer. Il est possible de recourir au scrutin nominatif ou par liste, sur décision unanime. À défaut d'accord unanime entre les membres du collège électoral, le vote a lieu au scrutin de liste avec représentation proportionnelle à la plus forte moyenne et à un seul tour.

Le collège doit remettre le procès-verbal de ses travaux dès leur conclusion au chef d'établissement. Ce dernier doit l'adresser à l'inspecteur du travail dans les 8 jours de la réception.

Les noms de tous les membres du CHSCT doivent être affichés sur les lieux de travail. L'affichage doit également indiquer le lieu de travail habituel de ces salariés.

Fiche 5

Lorsque l'entreprise où doit être constitué un CHSCT est dotée d'une délégation unique du personnel, seuls les représentants titulaires composant cette délégation peuvent prendre part à la désignation des membres du CHSCT.

... dans la limite d'un certain nombre

Le nombre de représentants du personnel à élire varie en fonction de l'effectif de l'établissement. La loi oblige par ailleurs à choisir un certain nombre d'entre eux parmi le personnel de la maîtrise ou de l'encadrement.

Effectif de l'établissement	Nombre de représentants		
	Maîtrise ou cadres	Autres	Total
50 à 199 salariés	1	2	3
200 à 499 salariés	1	3	4
500 à 1 499 salariés	2	4	6
1 500 salariés et plus	3	6	9

Ces nombres constituent des minima qui peuvent être augmentés par accord collectif ou par un usage.

Une désignation parmi les salariés de l'entreprise...

Tout salarié peut présenter sa candidature dès lors qu'il travaille effectivement dans l'établissement concerné à la date du scrutin et qu'il ne dispose pas de pouvoirs permanents permettant de l'assimiler à l'employeur.
Aucune condition d'âge ou de capacité électorale n'est exigée.

Il est toutefois préférable d'avoir à la base une bonne connaissance des travaux effectués dans l'entreprise et une bonne aptitude à l'analyse et à l'étude des problèmes des conditions de travail et de prévention des risques professionnels, ces connaissances et aptitudes pouvant être développées par une formation spécifique *(voir p. 120)*.

➔ *La fonction de membre du CHSCT est cumulable avec les autres fonctions de représentant du personnel (délégué syndical, délégué du personnel ou membre du CE...).*

... pour une durée de deux ans

Les représentants du personnel au CHSCT sont désignés tous les deux ans. Leur mandat, qui débute dès la proclamation des résultats, est renouvelable. Lorsqu'un délégué cesse ses fonctions plus de trois mois avant la fin de son mandat (à la suite de son départ de l'entreprise, par exemple), il doit être remplacé dans le mois qui suit, dans les mêmes conditions de désignation.

Contentieux

Les contestations relatives à la candidature ou à la désignation des membres du CHSCT doivent être portées devant le tribunal d'instance dans les 15 jours suivant cette désignation. Elles peuvent être présentées par l'employeur ainsi que par les salariés de l'entreprise.
La décision du tribunal est rendue dans les dix jours suivant la saisine. Elle est notifiée aux parties dans les trois jours suivants par lettre recommandée avec avis de réception. Un pourvoi en cassation est possible dans un délai de 10 jours.

Les attributions et les moyens du CHSCT

Quels sont les domaines d'actions du CHSCT ?

La protection de la santé des salariés

D'une manière générale, le CHSCT a pour mission de contribuer à la protection de la santé physique et mentale et de la sécurité des travailleurs de l'établissement et de ceux mis à sa disposition par une entreprise extérieure, ainsi qu'à l'amélioration des conditions de travail. Il a également pour mission de veiller à l'observation des prescriptions législatives et réglementaires prises en ces matières.
Il procède à l'analyse des risques professionnels auxquels peuvent être exposés les travailleurs de l'établissement ainsi qu'à l'analyse des conditions de travail. Il procède également à l'analyse des risques professionnels auxquels peuvent être exposées les femmes enceintes.

Des actions de prévention

Il peut proposer des actions de prévention des risques professionnels. Il peut proposer notamment des actions de prévention du harcèlement moral et du harcèlement sexuel. Si l'employeur refuse ces propositions, il doit motiver sa décision.
Le comité peut également demander à entendre le chef d'un établissement voisin dont l'activité expose les travailleurs de son ressort à des nuisances particulières.

Un rôle consultatif

▪ Le CHSCT peut être consulté sur toute question relevant de sa compétence par l'employeur, le CE ou par les délégués du personnel.
▪ La loi impose, par ailleurs, à l'employeur l'obligation de lui présenter pour avis, au moins une fois par an :
• un rapport écrit faisant le bilan de la situation générale de la santé, de la

sécurité et des conditions de travail dans l'établissement et exposant les actions qui ont été menées au cours de l'année écoulée dans ce domaine ;
• un programme de prévention fixant la liste détaillée des mesures à prendre au cours de l'année à venir en matière de prévention des risques professionnels et d'amélioration des conditions de travail.

■ Le CHSCT doit également être obligatoirement consulté avant toute décision concernant :
• un aménagement important modifiant les conditions de santé et de sécurité ou les conditions de travail (transformation importante des postes de travail découlant de la modification de l'outillage, d'un changement de produit ou de l'organisation du travail) ;
• la modification des cadences et des normes de productivité ;
• la mise en place d'emplacements spécifiques à la disposition des fumeurs. Lorsque de tels emplacements ont été créés, la consultation doit être renouvelée tous les deux ans ;
• l'entretien et le nettoyage des locaux ;
• la ventilation des locaux ;
• les postes nécessitant la mise en place de distribution gratuite de boissons non alcoolisées ;
• les conditions de mise à disposition des équipements de protection individuelle ;
• la protection des travailleurs contre le froid et les intempéries ;
• les dérogations aux normes en matière de bruit ;
• l'intervention d'une entreprise extérieure ;
• l'emploi des travailleurs handicapés ;
• la liste des postes de travail liés à la sécurité dans les établissements à hauts risques industriels ; Fiche 12
• la démolition, le retrait ou le confinement de l'amiante ou des matériaux en contenant, etc.

➔ *Selon la Cour de cassation, le projet de l'employeur visant à la mise en place d'entretiens annuels d'évaluation doit être soumis à la consultation du CHSCT chargé, par application de l'article L. 4612-1 du Code du travail, de contribuer à la protection de la santé des salariés.*

■ Un certain nombre de documents doivent également lui être soumis pour avis tels que :
• les règlements et consignes de santé et de sécurité ;
• les documents sur le mesurage du bruit ;
• le plan d'adaptation en cas de mutation technologique importante et rapide ;
• le plan de sécurité prescrit par décision judiciaire ;

• le plan d'activité du médecin du travail ;
• le règlement intérieur de l'entreprise ;

Fiche 12 • les documents transmis aux autorités compétentes par les établissements à hauts risques industriels.

Inspections et enquêtes

Le CHSCT procède à des inspections régulières (au moins une par trimestre) sur les lieux de travail afin de s'assurer du respect des prescriptions en matière de santé et des conditions de travail. Ces inspections peuvent être menées par un ou plusieurs membres du CHSCT.

Il effectue également des enquêtes ponctuelles, notamment :
• sur les accidents du travail ou les maladies professionnelles ;
• en cas de danger grave et imminent (menace susceptible de provoquer une atteinte sérieuse à l'intégrité physique d'un travailleur dans un proche délai).
Ces enquêtes sont réalisées par une délégation comprenant au moins l'employeur ou son représentant et un représentant du CHSCT.

➔ *En cas d'accident du travail grave, de situation de travail relevant un risque de maladie professionnelle ou de situation de risque grave, le CHSCT doit remplir une fiche de renseignements (disponible sur le site Internet www.travail-solidarite.gouv.fr) et la transmettre à l'inspecteur du travail dans les 15 jours suivant l'enquête.*

De quels moyens dispose le CHSCT ?

Le CHSCT dispose de moyens humains...

Le CHSCT est présidé par l'employeur ou son représentant. Le président est à l'initiative de la convocation des réunions. Il n'est pas doté d'autres pouvoirs particuliers :
• il ne peut représenter le comité sans son mandat exprès (en justice, par exemple) ;
• il ne peut prendre aucune décision contre l'avis de la majorité des membres du comité ;
• il ne dispose pas d'une voix prépondérante. Il ne peut d'ailleurs pas voter dans certains domaines (décision de recourir à un expert, d'intenter une action en justice contre le chef d'entreprise, avis sur le règlement intérieur, etc.).

À défaut de consensus sur sa personne, le secrétaire est choisi par les représentants du personnel du comité, par vote à la majorité des suffrages exprimés, lors de la première réunion du comité.
C'est lui qui est chargé de rédiger, avec le président, l'ordre du jour des réunions. Il rédige seul les procès-verbaux de ces réunions.

... ainsi que des moyens matériels

Bien que le CHSCT ne dispose pas d'un budget de fonctionnement qui lui est propre, la loi impose à l'employeur de fournir au comité les moyens nécessaires à la préparation et à l'organisation des réunions et aux déplacements imposés par les enquêtes ou inspections.

Ces moyens comprennent au minimum les moyens nécessaires d'informatique, de reproduction, de transmission et de diffusion des procès-verbaux et la documentation juridique et technique adaptée aux risques particuliers de l'établissement.

L'employeur doit rembourser les frais de déplacement engagés par les membres du comité pour constater un danger imminent. Il doit également rembourser les frais de déplacement occasionnés par les réunions lorsqu'elles sont organisées dans un local éloigné du lieu de travail et que les membres du comité ont été contraints de partir la veille pour y être présents.

➔ *Le CHSCT ne dispose pas obligatoirement d'un local qui lui est propre ; il doit simplement disposer d'un local approprié pour ses réunions.*

Il doit être informé par l'employeur...

L'employeur est tenu de fournir au comité toutes les informations nécessaires à l'exercice de ses missions. Dans ce cadre, il doit notamment tenir à sa disposition :
- le registre des accidents bénins ;
- le document d'évaluation des risques ;
- le rapport écrit et le programme annuel de prévention ;
- le plan de prévention en cas d'intervention d'une entreprise extérieure ;
- le carnet de maintenance des équipements de travail ;
- les mises en demeure, attestations, consignes, résultats et rapports relatifs aux vérifications et contrôles en matière de santé et de sécurité ;

• les observations de l'inspecteur du travail, du médecin-inspecteur du travail ou des agents de prévention des organismes de sécurité sociale.

... et doit se réunir régulièrement

Le CHSCT doit se réunir au moins une fois chaque trimestre, à l'initiative de l'employeur. Ces réunions régulières peuvent être plus fréquentes si nécessaire, notamment dans les établissements à haut risque.
Il se réunit également à la suite de tout accident du travail ayant entraîné ou ayant pu entraîner des conséquences graves.
Il peut en outre se réunir à la demande motivée de deux membres du comité.

Les réunions ont lieu dans l'établissement, dans un local approprié et pendant les heures de travail. Le temps passé à ces réunions est rémunéré comme temps de travail et n'est pas imputé sur le crédit d'heures dont disposent les membres du comité.

L'ordre du jour de chaque réunion est établi conjointement par le président et le secrétaire du comité.

Cet ordre du jour, ainsi que les documents qui doivent être examinés au cours de la réunion, sont communiqués aux membres du comité, à l'inspecteur du travail et aux agents des services de prévention des organismes de sécurité sociale, par le président du comité, quinze jours avant la date fixée pour la réunion.

Le CHSCT prend ses décisions et adopte ses résolutions à la majorité des membres présents.

Les procès-verbaux des réunions, établis par le secrétaire, doivent être conservés et tenus à la disposition de l'inspecteur du travail, du médecin-inspecteur du travail et des agents des services de prévention des organismes de sécurité sociale.

Il peut également recourir à des experts

Le comité peut faire appel à un expert agréé par les ministères chargés du Travail et de l'Agriculture :
• s'il constate un risque grave dans l'établissement, révélé notamment par un accident du travail ou une maladie professionnelle ;

• en cas de projet important modifiant les conditions de santé et de sécurité ou les conditions de travail. Dans ce cas, l'expertise doit avoir lieu dans un délai maximal de 45 jours.

La décision de recourir à un expert peut donner lieu à un vote. En cas de désaccord sur la nécessité de l'expertise, son choix ou le coût de l'expertise entre le comité et l'employeur, celui-ci peut saisir le président du tribunal de grande instance qui statuera en urgence.

L'employeur ne peut s'opposer à l'entrée dans l'établissement de l'expert choisi. Il doit lui fournir les informations nécessaires à l'exercice de sa mission et assumer les frais de l'expertise.

Quelles sont les prérogatives de la délégation du personnel ?

Les membres du CHSCT peuvent se déplacer librement

Les membres du CHSCT peuvent se déplacer librement, à l'intérieur comme à l'extérieur de l'établissement, pendant et en dehors des heures de travail dans les mêmes conditions que les autres représentants du personnel.
Au cours de leurs visites et inspections, ils peuvent prendre contact avec les salariés sur leur poste de travail à condition de ne pas apporter une gêne trop importante.

Ils disposent d'un crédit d'heures

Chaque représentant du personnel au CHSCT dispose d'un crédit d'heures mensuel minimal qui varie en fonction de l'effectif de l'établissement de la façon suivante :

Taille de l'établissement	Crédit d'heures mensuel
De 50 à 99 salariés	2
De 100 à 299 salariés	5
De 300 à 499 salariés	10
De 500 à 1 499 salariés	15
1 500 salariés et plus	20

Ce crédit d'heures peut être dépassé en cas de circonstance exceptionnelle *(voir p. 53)*. Il peut également être augmenté par voie d'accord.

➔ *Les membres du CHSCT peuvent répartir entre eux le temps dont ils disposent, sous réserve d'en informer l'employeur.*

Ces heures doivent être rémunérées comme temps de travail.

Le temps passé aux réunions du CHSCT et aux enquêtes ne s'impute pas sur le crédit d'heures.

➔ *Les modalités d'utilisation et de rémunération de ces heures sont identiques à celles appliquées aux heures de délégation des délégués du personnel* (voir p. 53).

Ils ont droit à une formation spécifique

Les représentants du personnel au CHSCT doivent bénéficier, dès leur première désignation, d'une formation nécessaire à l'exercice de leurs missions.
Cette formation théorique et pratique a pour objet de développer leur aptitude à déceler et à mesurer les risques professionnels et leur capacité d'analyser les conditions de travail.
Elle doit être renouvelée au bout de quatre ans de mandat, consécutifs ou non.
Dans les établissements de 300 salariés et plus, la durée de la formation est de cinq jours. Elle n'est que de trois jours dans les établissements de moins de 300 salariés, sauf dispositions conventionnelles plus favorables.

Ce congé est pris en une seule fois (deux fois, si l'employeur donne son accord).

La demande doit être présentée à l'employeur 30 jours avant le début du stage et préciser la date souhaitée pour le congé, la durée et le prix du stage, le nom de l'organisme qui l'organise.
L'employeur peut reporter le stage, dans la limite de six mois, s'il estime, après avis du CE, que le départ du salarié serait préjudiciable à l'entreprise. Dans cette hypothèse, le refus doit être notifié au salarié dans les huit jours suivant la réception de sa demande.

La formation des membres du CHSCT s'impute sur le congé de formation économique, sociale et syndicale. Les règles relatives aux quotas de jours et de salariés absents prévus pour ce congé s'appliquent donc.
Il faut savoir cependant qu'en cas de concurrence les représentants du personnel au CHSCT sont prioritaires sur les autres demandes.

Fiche 1

Pendant la durée de la formation, la rémunération du salarié est maintenue.
Les frais dus à la formation (rémunération de l'organisme de formation + frais de séjour et de déplacement du stagiaire) sont à la charge de l'employeur.

Deux types d'organismes peuvent assurer cette formation :
- les centres habilités au niveau national à organiser les stages de formation économique, sociale et syndicale ;
- des organismes habilités au niveau régional par le préfet de région. La liste de ces organismes est disponible dans chaque direction régionale du travail, de l'emploi et de la formation professionnelle ou auprès de l'Agence nationale pour l'amélioration des conditions de travail :
4, quai des Étroits 69005 Lyon
Tél. : 04 72 56 13 13
www.anact.fr

Les membres des CHSCT des établissements à hauts risques industriels bénéficient d'une formation spécifique.

Ils sont protégés contre le licenciement

Les représentants du personnel au CHSCT bénéficient de la protection spéciale contre le licenciement commune à tous les représentants du personnel.

Ils sont tenus à une obligation de discrétion

Les membres du comité sont tenus à une obligation de discrétion à l'égard des informations ayant un caractère confidentiel ainsi qu'au secret professionnel pour toutes les questions visant les procédés de fabrication auxquels ils ont accès dans le cadre de leurs missions.
Toute infraction à ces règles peut être sanctionnée selon les mêmes règles que celles retenues pour les membres du CE *(voir p. 101)*.

CHAPITRE V

LE SYNDICAT DANS L'ENTREPRISE

Les syndicats ont leur rôle à jouer au sein de l'entreprise en tant que représentants du personnel à travers la constitution des sections syndicales, la désignation des délégués syndicaux, la désignation des représentants de la section syndicale ou des représentants syndicaux au comité d'entreprise (CE). Ils interviennent également à l'occasion des élections professionnelles *(voir chapitre I).*
Porteurs des revendications des salariés, ils sont également, sauf exceptions prévues et encadrées par la loi, les partenaires incontournables des employeurs en matière de négociation collective.

Les délégués syndicaux bénéficient des moyens de fonctionnement reconnus à la section syndicale (panneaux d'affichage, locaux, etc.), d'un crédit d'heures et d'une liberté de déplacement. Ils bénéficient également d'une protection contre les licenciements (qu'ils partagent avec les autres représentants du personnel) et d'une protection contre les mesures discriminatoires qui pourraient être prises à leur encontre, du fait de leur activité ou de leur appartenance syndicale.

Pour leur part, les syndicats qui ne sont pas encore reconnus représentatifs dans l'entreprise peuvent, depuis l'entrée en vigueur de la loi du 20 août 2008 mentionnée page 22, désigner un « représentant de la section syndicale », dont la mission consistera à créer les conditions de leur représentativité.

La section syndicale

Qu'est ce qu'une section syndicale ?

Une collectivité de salariés adhérents à un même syndicat...

La section syndicale, qui a pour objet d'assurer la représentation des intérêts matériels et moraux de ses membres, est constituée par les salariés de l'entreprise appartenant à un même syndicat. Dans les faits, la section syndicale peut représenter les intérêts de l'ensemble des salariés de l'entreprise qu'ils soient ou non adhérents au syndicat considéré.

➔ *La section syndicale n'a pas la personnalité juridique. Elle ne peut pas, par exemple, en tant que telle, présenter une liste de candidats aux élections professionnelles ni agir en justice.*

... mise en place par un syndicat légalement constitué...

Dès lors qu'ils ont plusieurs adhérents dans l'entreprise ou dans l'établissement, chaque syndicat qui y est représentatif, chaque syndicat affilié à une organisation syndicale représentative au niveau national et interprofessionnel (soit, actuellement, la CGT, la CFDT, la CGT-FO, la CFTC et la CFECGC et, à partir de 2013, les organisations syndicales figurant sur la nouvelle liste des organisations représentatives au niveau national et interprofessionnel qui sera établie tous les quatre ans) ou chaque organisation syndicale qui satisfait aux critères de respect des valeurs républicaines, d'indépendance, légalement constituée depuis au moins deux ans et dont le champ professionnel et géographique couvre l'entreprise concernée, peut constituer, au sein de l'entreprise ou de l'établissement, une section syndicale.
Chaque syndicat ne peut constituer qu'une seule section syndicale dans un même établissement ou une même entreprise.

... sans formalité particulière

La décision de constituer une section syndicale n'est soumise à aucune condition de forme ni de publicité. Il suffit que l'employeur en soit informé, de préférence par lettre recommandée avec avis de réception ou par lettre remise en main propre contre récépissé. Il est également recommandé d'adresser un exemplaire de cette lettre à l'inspecteur du travail.

Quels sont ses moyens d'action ?

La section syndicale collecte les cotisations

La loi autorise la collecte des cotisations syndicales à l'intérieur de l'entreprise. Celle-ci peut se dérouler pendant le temps de travail et sur les lieux de travail avec l'accord de l'employeur.

Elle dispose de panneaux d'affichage

L'employeur doit mettre à la disposition de chaque section syndicale un panneau d'affichage distinct de ceux affectés aux communications des délégués du personnel et du CE. Le contenu des communications affichées est librement déterminé par l'organisation syndicale, sous réserve des dispositions relatives à la presse : les documents affichés ne doivent pas contenir de menaces, des violences, des propos injurieux ou diffamatoires. Ils doivent par ailleurs être de nature syndicale (pas de communication à caractère purement politique, par exemple). Un exemplaire des communications doit être transmis à l'employeur, simultanément à son affichage.

Fiche 8

→ *L'employeur qui conteste la nature des informations portées à la connaissance des salariés doit saisir le tribunal de grande instance ; s'il retire les affiches litigieuses de sa propre initiative, il commet le délit d'entrave.*

Elle peut diffuser ses tracts et publications

Les publications et tracts de nature syndicale peuvent être librement diffusés auprès des salariés de l'entreprise aux heures d'entrée et de sortie du travail. Les limites du contenu de ces tracts sont les mêmes que celles posées pour l'affichage. La diffusion peut avoir lieu à l'intérieur de l'entreprise, sous réserve qu'elle ne trouble pas l'exécution normale du travail ou la bonne marche de l'entreprise.
Un accord d'entreprise peut autoriser la mise à disposition des publications et tracts syndicaux, soit sur un site syndical mis en place sur l'Intranet, soit sur la messagerie électronique de l'entreprise. Dans ce dernier cas, la diffusion doit être compatible avec les exigences de bon fonctionnement du réseau informatique de l'entreprise et ne pas entraver l'accomplissement du travail. Les salariés doivent également être clairement et préalablement informés de cette utilisation afin de pouvoir accepter ou refuser les messages syndicaux sur leur messagerie. À défaut d'accord avec l'employeur, les syndicats n'ont pas le droit d'utiliser ces modes de communication électronique. Sur cette question, la Commission d'accès aux documents administratifs (CNIL) a émis une « préconisation » en date du 25 mai 2004, dont le texte intégral peut être consulté sur le site Internet : www.cnil.fr.

Elle dispose d'un local dans l'entreprise

Dans les entreprises ou établissements de plus de 200 à moins de 1 000 salariés, le chef d'entreprise doit mettre à la disposition des sections syndicales un local commun à toutes les sections syndicales convenant à la mission de leurs délégués.
Dans les entreprises ou établissements de 1000 salariés et plus, l'employeur met en outre à la disposition de chaque section syndicale constituée par une organisation syndicale représentative dans l'entreprise ou l'établissement un local convenable, aménagé et doté du matériel nécessaire à son fonctionnement (tables, chaises, armoires et, éventuellement, ordinateur et téléphone).
En cas de litige, le tribunal de grande instance est compétent.

➔ *Selon la Cour de cassation, l'obligation faite aux personnes se rendant dans le local syndical de passer sous un portique électronique, de présenter un badge et de subir une fouille éventuelle constitue un trouble illicite à la liberté syndicale, dès lors que ces mesures ne sont ni justifiées par des impératifs de sécurité, ni proportionnées au but recherché. Le syndicat peut donc saisir le juge des référés pour y mettre fin.*

Elle peut se réunir librement

Chaque section syndicale peut réunir ses adhérents au moins une fois par mois dans l'enceinte de l'entreprise, en dehors des locaux de travail (dans le local syndical par exemple, ou dans un local mis à la disposition de la section syndicale par l'employeur ou par les personnes qui en sont les utilisateurs habituels, comme, par exemple, le CE) et du temps de travail des participants (sauf s'ils sont représentants du personnel), suivant des modalités fixées par accord avec l'employeur. Celui-ci n'ayant aucun moyen de contrôler l'appartenance syndicale des salariés présents, de simples sympathisants, salariés de l'entreprise, peuvent participer à ces réunions.

Les sections syndicales peuvent inviter des personnalités syndicales ou non-syndicales extérieures à participer à des réunions qu'elles organisent. L'accord de l'employeur est nécessaire lorsque la personnalité invitée est une personnalité autre que syndicale ou lorsque la réunion doit avoir lieu dans un autre local que le local syndical.

Elle a droit à un crédit d'heures de délégation

Dans les grandes entreprises, chaque section syndicale dispose d'un crédit d'heures global annuel au profit de son ou ses délégués syndicaux ou des salariés de l'entreprise appelés à négocier la convention ou l'accord d'entreprise. Ce nombre d'heures est limité à :

- 10 heures par an dans les entreprises occupant au moins 500 salariés ;
- 15 heures par an dans celles occupant au moins 1 000 salariés, en vue de la préparation à la négociation de cette convention ou de cet accord.

Ce crédit d'heures s'ajoute à celui dont bénéficient les délégués syndicaux à titre individuel *(voir p. 141)* et les représentants de la section syndicale *(voir p. 145)* ; il est considéré comme temps de travail et payé à l'échéance normale.

La désignation des délégués syndicaux

Quelles sont les entreprises concernées ?

Les entreprises d'au moins 50 salariés... en principe

En principe, les délégués syndicaux ne peuvent être désignés que dans les entreprises d'au moins 50 salariés.

Les délégués syndicaux sont désignés : Fiche 1

- soit au niveau de l'entreprise comptant au moins 50 salariés, lorsque celle-ci ne comporte pas d'établissements distincts ou comporte des établissements distincts occupant moins de 50 salariés ;
- soit au niveau de l'établissement distinct occupant au moins 50 salariés ;
- soit au niveau de l'unité économique et sociale (UES) constituée par plusieurs entreprises distinctes.

→ *L'effectif requis, apprécié selon les règles fixées par l'article L. 1111-2 du Code du travail, doit avoir été atteint pendant douze mois consécutifs ou non au cours des trois années précédentes. Ce seuil peut être abaissé par voie d'accord collectif.* Fiche 2

Avec des possibilités dans les établissements de moins de 50 salariés

Dans les établissements qui emploient moins de 50 salariés, les syndicats représentatifs dans l'établissement peuvent désigner un délégué du personnel, pour la durée de son mandat, comme délégué syndical *(pour plus de précisions, voir p. 49)*. L'effectif s'apprécie, le cas échéant, au niveau de l'entreprise ; si l'entreprise comporte plusieurs établissements dont l'effectif global est au moins égal à 50 salariés, la désignation d'un délégué du personnel comme délégué syndical n'est pas admise. Fiche 6

Par qui sont-ils désignés ?

Par les syndicats eux-mêmes...

Tout syndicat représentatif dans l'entreprise ou l'établissement qui constitue une section syndicale peut désigner un délégué syndical.

Il faut donc, logiquement, que la création de la section syndicale soit antérieure à la désignation des délégués.

Fiche 6

La loi du 20 août 2008 « portant rénovation de la démocratie sociale et réforme du temps de travail » (JO du 21 août), a modifié plusieurs dispositions du Code du travail relatives aux délégués syndicaux, comme, par exemple, les conditions à remplir pour être désigné délégué syndical (voir ci-dessous), *les conditions de cessation du mandat des délégués syndicaux* (voir p. 135) *ou les conditions de la représentativité. Cette loi prévoit les dispositions transitoires suivantes :*

Fiche 6

- *les délégués syndicaux régulièrement désignés à la date du 21 août 2008 conservent leur mandat et leurs prérogatives jusqu'aux résultats des premières élections professionnelles organisées dans l'entreprise ou l'établissement dont la date fixée pour la négociation du protocole préélectoral est postérieure au 21 août 2008. Après les élections, ces délégués syndicaux conservent leur mandat et leurs prérogatives dès lors que l'ensemble des conditions nouvelles fixées par cette loi sont remplies ;*
- *jusqu'aux résultats de ces premières élections professionnelles, chaque syndicat représentatif dans l'entreprise ou l'établissement à la date du 21 août 2008 peut désigner un ou plusieurs délégués syndicaux pour le représenter auprès de l'employeur, selon les dispositions en vigueur avant cette loi.*

... qui doivent informer l'employeur et l'inspecteur du travail

Le syndicat doit porter à la connaissance du chef d'entreprise les noms et prénoms du ou des délégués désignés, par lettre recommandée avec avis de réception ou par lettre remise en main propre contre récépissé.

Une copie de cette lettre doit être adressée simultanément par le syndicat à l'inspecteur du travail dont dépend l'entreprise ou l'établissement. S'agissant du délégué central d'entreprise *(voir p. 132)*, l'inspecteur compétent est celui dont dépend le siège social de l'entreprise.

Le mandat des délégués prend effet à compter du jour de la réception, par l'employeur, de la notification qui lui est faite.

Le nom du ou des délégués syndicaux doit par ailleurs faire l'objet d'un affichage sur les panneaux réservés aux communications syndicales.

Les mêmes formalités s'imposent en cas de remplacement ou de cessation des fonctions représentatives du délégué syndical.
La désignation selon ces règles est une condition essentielle pour bénéficier de toutes les autres prérogatives attachées à la qualité de délégué syndical (représentation du syndicat auprès de l'employeur, droit de libre circulation, crédit d'heures, etc.).

➔ *Lorsque le délégué syndical désigné est commun à plusieurs entreprises constituant une unité économique et sociale, sa désignation doit être notifiée à chacun des représentants légaux des entreprises composant cette UES.* Fiche 1

Combien de délégués peut-on désigner ?

Le nombre varie en fonction de l'effectif de l'entreprise

Chaque organisation syndicale représentative dans l'entreprise ou l'établissement de 50 salariés ou plus, qui constitue une section syndicale, peut désigner un ou plusieurs délégués syndicaux.
Le nombre de délégués syndicaux pour chaque section syndicale est fixé soit par entreprise, soit par établissement distinct comptant un effectif d'au moins 50 salariés.

Effectif de l'entreprise ou de l'établissement distinct	Nombre de délégués
de 50 à 999 salariés	1 délégué
de 1 000 à 1 999 salariés	2 délégués
de 2 000 à 3 999 salariés	3 délégués
de 4 000 à 9 999 salariés	4 délégués
au delà de 9 999 salariés	5 délégués

➔ *Le Code du travail n'a pas prévu de délégué syndical suppléant. Seul un accord collectif peut prévoir leur existence, mais ceux-ci ne bénéficieront pas de la protection légale contre le licenciement.*

Il peut être augmenté dans certains cas

■ Dans les entreprises de 500 salariés et plus, tout syndicat représentatif dans l'entreprise peut désigner un délégué syndical supplémentaire s'il a obtenu un

ou plusieurs élus dans le collège des ouvriers et employés lors de l'élection du CE et s'il compte au moins un élu dans l'un des deux autres collèges. Ce délégué supplémentaire est désigné parmi les candidats aux élections professionnelles qui ont recueilli au moins 10 % des suffrages exprimés au premier tour des dernières élections au CE ou des délégués du personnel, quel que soit le nombre de votants. Cette disposition a donc pour effet de permettre la désignation d'un délégué supplémentaire cadre ou agent de maîtrise.
Si ces conditions sont réunies, la désignation du délégué syndical supplémentaire peut avoir lieu dans les établissements distincts d'au moins 500 salariés, dotés d'un comité d'établissement.

- Dans les entreprises d'au moins 2 000 salariés qui comportent au moins deux établissements de 50 salariés chacun ou plus, chaque syndicat représentatif peut désigner un délégué syndical central d'entreprise, distinct des délégués d'établissement. Ce délégué syndical central est désigné par un syndicat qui a recueilli au moins 10 % des suffrages exprimés au premier tour des dernières élections des titulaires au CE ou de la délégation unique du personnel ou, à défaut, des délégués du personnel, quel que soit le nombre de votants, en additionnant les suffrages de l'ensemble des établissements compris dans ces entreprises. Il bénéficie d'un crédit d'heures spécifique fixé à vingt heures par mois.

Dans les entreprises de moins de 2 000 salariés qui comportent au moins deux établissements de 50 salariés ou plus, un des délégués syndicaux d'établissement de chaque syndicat peut être désigné en tant que délégué syndical central d'entreprise. Dans ce cas, il ne s'agit donc pas d'un délégué supplémentaire et aucun crédit d'heures spécifique n'est prévu par la loi.

Qui peut être délégué syndical ?

Quatre conditions posées par la loi

Pour être valablement désignés, les délégués syndicaux doivent remplir des conditions d'âge, d'ancienneté dans l'entreprise, de capacité électorale. Depuis l'entrée en vigueur de la loi du 20 août 2008, et sous réserve des dispositions transitoires mentionnées en page 130, ils doivent également être désignés parmi les candidats aux élections professionnelles qui ont recueilli au moins 10 % des suffrages exprimés au premier tour des dernières élections au CE ou de la délégation unique du personnel ou des délégués du personnel, quel que soit le nombre de votants. S'il ne reste, dans l'entreprise ou l'établissement, plus aucun candidat aux élections professionnelles qui remplit ces conditions, le délégué syndical peut être désigné parmi les autres candidats ou, à défaut, parmi ses adhérents au sein de l'entreprise ou de l'établissement.

➔ *Aucune condition de nationalité n'étant requise, les salariés étrangers peuvent, au même titre que les salariés français, être désignés comme délégué syndical.*

Être âgé de 18 ans

Légalement, les délégués syndicaux doivent être âgés de 18 ans accomplis lors de leur désignation. Cet âge peut toutefois être abaissé par convention ou accord collectif.

Travailler depuis un an dans l'entreprise

Le délégué syndical doit travailler dans l'entreprise depuis au moins un an. Cette ancienneté est éventuellement calculée en additionnant l'ancienneté dans les divers établissements de la même entreprise ou dans les diverses entreprises appartenant au même groupe.

Le délai d'un an prévu ci-dessus est réduit à quatre mois dans le cas de création d'entreprise ou d'ouverture d'établissement. La condition d'effectif demeure toutefois : ainsi, sauf stipulation conventionnelle plus favorable, il ne peut être désigné de délégué syndical, dès lors que l'effectif d'au moins 50 salariés pendant douze mois, consécutifs ou non, au cours des trois années précédentes n'a pas été atteint.

Dans les entreprises de travail temporaire, la condition d'ancienneté est fixée à six mois pour les travailleurs temporaires ; elle est appréciée en totalisant les périodes pendant lesquelles ces salariés ont été liés à ces entreprises par des contrats de travail temporaire au cours des dix-huit mois précédant la désignation du délégué syndical, ce délai étant réduit à six mois dans le cas de création d'entreprise ou d'ouverture d'établissement.
Le délégué doit être titulaire d'un contrat de travail en cours au moment de sa désignation.

➔ *Les salariés qui peuvent être assimilés à l'employeur, en raison de l'exercice des pouvoirs qu'ils détiennent en application d'une délégation écrite particulière, ne peuvent être désignés en qualité de délégué syndical (secrétaire général ayant une délégation globale de représentation du directeur général, par exemple). Il en est de même des salariés qui président aux réunions du CHSCT ou de ceux qui figurent comme représentants de l'employeur sur le procès-verbal de réunion d'un CE, et cela même en l'absence de délégation écrite.*

Ne pas être privé de capacité électorale

Les délégués syndicaux doivent n'avoir fait l'objet d'aucune interdiction, déchéance ou incapacité relative à leurs droits civiques (crime, vol, escroquerie, abus de confiance, etc.). Les salariés de l'entreprise sont présumés jouir de leurs droits civiques sauf preuve contraire et l'employeur ne peut, par suite, exiger d'un délégué syndical la production d'un extrait de casier judiciaire en vue de contester sa désignation ; en cas de litige, c'est le tribunal d'instance qui doit être saisi.

➔ *Les délégués syndicaux peuvent cumuler cette fonction avec celles de délégué du personnel, de membre du CE (ou de représentant syndical à ce même comité) et du CHSCT.*

Qui peut contester leur désignation ?

Un droit ouvert à tous les membres de l'entreprise...

Les contestations relatives à la désignation des délégués syndicaux relèvent de la compétence du tribunal d'instance. Elles peuvent être présentées par l'employeur, les autres organisations syndicales ainsi que par les salariés de l'entreprise, syndiqués ou non. Le tribunal d'instance compétent est celui du lieu où la désignation contestée a été effectuée, c'est-à-dire le lieu où est situé l'établissement dans lequel le syndicat a souhaité être représenté.
Les contestations sont de la seule compétence du tribunal d'instance qui statue en dernier ressort ; seul un pourvoi en cassation est possible.
Le motif de contestation peut porter sur le non respect des conditions légales de désignation : non représentativité du syndicat, défaut d'ancienneté du délégué, effectif, etc., ou sur le caractère frauduleux de la désignation, ce qui sera le cas, par exemple, d'une désignation faite dans le but unique de protéger un salarié contre un licenciement imminent.

… soumis à des délais très brefs

Les contestations portant sur la désignation d'un délégué syndical doivent impérativement être présentées dans les quinze jours qui suivent les formalités de publicité prévues par la loi : date portée sur l'avis de réception ou le récépissé pour l'employeur, date de l'affichage sur les panneaux syndicaux pour les salariés de l'entreprise ou les organisations syndicales.
Passé ce délai, la désignation ne peut plus être contestée et l'employeur ne peut invoquer ultérieurement une irrégularité pour priver le délégué désigné du bénéfice des dispositions légales concernant les délégués syndicaux, qu'il s'agisse notamment de leurs moyens d'action et de la protection spéciale contre le licenciement qui leur est reconnue.

➔ *Selon la Cour de cassation, le délai prévu de quinze jours prévu à l'article L. 2143-8 du Code du travail étant exprimé en jours, il ne commence à courir qu'à compter du lendemain du jour de la notification de la désignation à l'employeur.*
Pour les délégués syndicaux centraux, le tribunal d'instance compétent est celui du siège de l'entreprise.

Quelle est la durée du mandat ?

Aucune durée n'est fixée par la loi

Contrairement aux dispositions prévues pour les délégués du personnel et les membres du CE, la durée du mandat d'un délégué syndical n'est pas limitée dans le temps. L'article L. 2143-11, dans sa rédaction issue de la loi du 20 août 2008 mentionnée page 130, prévoit toutefois que le mandat de délégué syndical prend fin dans l'une ou l'autre des situations suivantes *(sur les dispositions transitoires applicables, voir p. 130)* :
• le syndicat qui a désigné le délégué syndical a réalisé une audience inférieure à 10 % des suffrages aux élections professionnelles suivantes et n'est donc plus représentatif ;
• en tant que candidat, le délégué syndical obtient moins de 10 % des suffrages sur son nom aux élections professionnelles suivantes ;
• en cas de réduction importante (de l'ordre d'au moins 10 %) et durable (constatée pendant au moins 24 mois) de l'effectif en dessous de 50 salariés. La suppression du mandat de délégué syndical est subordonnée à un accord entre l'employeur et l'ensemble des organisations syndicales représentatives.

À défaut d'accord, le directeur départemental du travail, de l'emploi et de la formation professionnelle peut décider que le mandat de délégué syndical prend fin ;

• lorsque, dans une entreprise de moins de 50 salariés, le délégué du personnel désigné comme délégué syndical perd son mandat de délégué du personnel.

En dehors de ces situations, le mandat du délégué syndical peut également prendre fin :

• par révocation émanant de l'organisation syndicale qui a désigné le délégué ;
• par démission du délégué lui-même ;
• en cas de départ du délégué de l'entreprise.

➔ *Si la réduction du nombre de salariés entraîne une simple diminution du nombre des délégués syndicaux, aucune procédure particulière n'est prévue. À défaut d'accord, le chef d'entreprise devra saisir le tribunal d'instance afin que celui-ci prononce la révocation des délégués syndicaux en surnombre.*

Les attributions des délégués syndicaux

Ils représentent le syndicat auprès de l'employeur

Au terme de la loi, les délégués syndicaux représentent leur syndicat auprès du chef d'entreprise et doivent donc pouvoir se réunir avec lui :
• si la réunion a lieu à l'initiative de l'employeur, les heures passées sont payées comme temps de travail et non déductibles du crédit d'heures dont ils disposent ;
• si la réunion a lieu à l'initiative des délégués, le temps passé est imputable sur leur crédit d'heures et payé comme tel.

➔ *Les délégués syndicaux participent à la mission revendicative des syndicats, ce qui peut poser des problèmes de délimitation avec le rôle des délégués du personnel. En fait, les délégués du personnel sont chargés des réclamations relatives à l'application des textes légaux et réglementaires (application des salaires minimaux prévus par la convention collective, par exemple) alors que les délégués syndicaux revendiquent et négocient pour aller au-delà de la loi (demande d'augmentation de salaire au-delà des minimaux prévus par la convention collective, par exemple).*
Les attributions des délégués syndicaux ne doivent pas non plus se confondre avec celles des représentants syndicaux au CE qui représentent le syndicat, avec voix consultative, auprès du CE et non de l'employeur.

Ils animent la section syndicale

Le délégué syndical anime la section syndicale et la vie syndicale dans l'entreprise. C'est lui qui procède le plus souvent à la collecte des cotisations, à l'affichage et à la distribution des documents syndicaux et à l'organisation des réunions syndicales.

Ils négocient les accords d'entreprise...

Les délégués syndicaux sont les interlocuteurs obligatoires en matière de négociation collective. Ils participent aux négociations et signent les accords collectifs.

L'existence d'au moins une section syndicale d'organisation représentative a pour effet d'obliger l'entreprise à négocier au moins une fois par an (ou dans certains cas, une fois tous les trois ans) sur un certain nombre de thèmes (salaires effectifs, durée du travail, égalité professionnelle entre les hommes et les femmes, emploi des travailleurs handicapés, etc.). Dans les entreprises d'au moins 50 salariés et celles appartenant à un groupe d'au moins 50 salariés, une négociation doit également s'engager sur le thème de l'emploi des salariés âgés ; des pénalités à la charge de l'employeur pourront être appliquées lorsque l'entreprise ne sera couverte, au 1er janvier 2010, ni par un accord, ni, à défaut d'accord, par un plan d'action élaboré après avis du CE ou, à défaut, des délégués du personnel. En pratique, l'élément décisif de cette obligation consiste dans la désignation d'un délégué syndical, celui-ci étant appelé à conduire la délégation appelée à négocier.

Le temps passé à la négociation collective est payé comme temps de travail effectif.

➔ *Dans les entreprises ne disposant pas de délégués syndicaux, certains accords d'entreprise peuvent être négociés avec le CE ou, à défaut, avec les délégués du personnel* (voir p. 8).

Pour rappel, la validité d'un accord d'entreprise ou d'établissement conclu avec un ou plusieurs délégués syndicaux est subordonnée :

• depuis le 1er janvier 2009, à sa signature par une ou plusieurs organisations syndicales de salariés représentatives ayant recueilli au moins 30 % des suffrages exprimés au premier tour des dernières élections des titulaires au CE ou de la DUP ou, à défaut, des délégués du personnel, quel que soit le nombre de votants et à l'absence d'opposition d'une ou de plusieurs organisations syndicales de salariés représentatives, ayant recueilli la majorité des suffrages exprimés à ces mêmes élections, quel que soit le nombre de votants.

L'opposition doit être exprimée dans un délai de huit jours à compter de la date de notification de cet accord, dans les conditions prévues à l'article L. 2231-8 du Code du travail (elle doit être écrite et motivée). Cette opposition est notifiée aux syndicats signataires ;

• dans certains cas, dans lesquels les suffrages des organisations syndicales représentatives ne sont pas connus, à sa signature par une ou plusieurs organisations syndicales représentatives et à son approbation par référendum (article 42 de la loi n° 2009-526 du 12 mai 2009, JO du 13 mai).

Domaine de l'information	Contenu de l'information	Périodicité
Négociation annuelle	Les informations et la date de remise des informations nécessaires à cette négociation qui porte en particulier sur les salaires et la durée du travail sont précisées lors de la première réunion.	Annuelle
Conventions et accords collectifs	Si l'employeur est lié par une convention ou un accord collectif, il doit en procurer un exemplaire aux délégués syndicaux et leur fournir, chaque année, la liste des modifications apportées.	Annuelle
Formation professionnelle	L'employeur doit fournir aux délégués syndicaux le bilan détaillé des actions de formation comprises dans le plan de formation de l'année antérieure et de l'année à venir avec la liste des actions proposées, leurs conditions d'organisation, les effectifs concernés et le coût de ces actions.	Annuelle
Bilan social	Ils ont communication du projet de bilan social portant sur l'emploi, la rémunération, les conditions d'hygiène et de sécurité, les conditions de travail, la formation, les relations professionnelles et les conditions de vie des salariés de l'entreprise.	Annuelle
Égalité professionnelle	Ils reçoivent le rapport annuel sur la situation comparée des conditions générales d'emploi et de formation des femmes et des hommes dans l'entreprise.	Annuelle (ou tous les 3 ans si un accord collectif comportant de telles mesures est signé dans l'entreprise)
Travail à temps partiel	L'employeur doit leur fournir un bilan du travail à temps partiel réalisé dans l'entreprise.	Annuelle

Domaine de l'information	Contenu de l'information	Périodicité
Insertion professionnelle et maintien dans l'emploi des personnes handicapées : conditions d'accès à l'emploi, à la formation et à la promotion professionnelles, conditions de travail et d'emploi, etc.	La négociation se déroule sur la base d'un rapport établi par l'employeur présentant la situation par rapport à l'obligation d'emploi des travailleurs handicapés.	Annuelle (ou tous les 3 ans si un accord collectif comportant de telles mesures est signé dans l'entreprise)
Droit d'expression	L'employeur doit procéder à l'analyse des résultats de l'accord sur le droit d'expression des salariés dans l'entreprise après avis des délégués syndicaux.	Tous les 3 ans
Évolution de l'emploi	Information nécessaire à la négociation sur les modalités d'information et de consultation du CE sur la stratégie de l'entreprise et la mise en place d'un dispositif de GPEC. La négociation porte également sur les conditions de retour et de maintien dans l'emploi des salariés âgés et de leur accès à la formation professionnelle, ainsi que sur le déroulement de carrière des salariés exerçant des responsabilités syndicales et l'exercice de leurs fonctions.	Tous les 3 ans (pour les entreprises $\geq$ 300 salariés uniquement, ainsi que certaines entreprises et groupes d'entreprises de dimension communautaire).

... et pour ce faire, bénéficient d'un droit d'information

Afin de permettre aux délégués syndicaux de mener à bien leur mission de négociation, les employeurs doivent leur communiquer certains documents.

➔ *À défaut d'accord collectif sur ces sujets, l'employeur doit consulter les délégués syndicaux avant tout recours à des équipes de suppléance ou au travail de nuit (mise en place, dérogation de la durée maximale quotidienne du travail de nuit, modalités de paiement des contreparties financières accordées). Leur avis est transmis à l'inspecteur du travail.*

L'exercice des fonctions des délégués syndicaux

Les délégués peuvent circuler librement dans l'entreprise

Pour l'exercice de leurs fonctions, les délégués syndicaux disposent d'un droit de libre circulation (à l'intérieur comme à l'extérieur de l'entreprise). Ils peuvent prendre tous les contacts nécessaires à l'accomplissement de leur mission, notamment auprès des salariés à leurs postes de travail, sous réserve toutefois de ne pas apporter une gêne importante à l'accomplissement du travail desdits salariés.

Ils disposent d'un crédit d'heures personnel

Chaque délégué syndical bénéficie d'un crédit d'heures de délégation fixé à :
- 10 heures par mois dans les entreprises occupant de 50 à 150 salariés ;
- 15 heures par mois dans les entreprises occupant de 151 à 500 salariés ;
- 20 heures par mois dans les entreprises occupant plus de 500 salariés.

→ • *Chaque section syndicale dispose d'un crédit d'heures global supplémentaire qui peut être utilisé par les délégués syndicaux ainsi que par les salariés membres de la délégation syndicale pour préparer la négociation des conventions ou accords collectifs* *(voir p. 128).*

• *Sauf disposition conventionnelle plus favorable, la désignation, dans les entreprises de moins de 50 salariés, d'un délégué du personnel comme délégué syndical, n'ouvre pas droit à un crédit d'heures supplémentaire.*

Ces heures doivent être utilisées par le délégué conformément à sa mission : pour participer aux réunions avec l'employeur sur la demande des délégués syndicaux, par exemple, mais également pour participer à une manifestation politique dans le but de défendre l'emploi dans l'entreprise, à des audiences judiciaires pour assurer sa propre défense ou celle d'autres représentants du personnel de l'entreprise, etc.

Ces temps de délégation sont de plein droit considérés comme temps de travail et payés à l'échéance normale. En cas de contestation, par l'employeur, de l'usage fait des temps ainsi alloués, il lui appartient de saisir la juridiction compétente.

→ *Les modalités d'utilisation et de rémunération de ces heures sont identiques à celles appliquées aux heures de délégation des délégués du personnel ; le cas échéant, le crédit d'heures peut être dépassé en cas de circonstances exceptionnelles* (voir chapitre II).

Fiche 7

Et sont protégés par la loi

- Les délégués syndicaux et anciens délégués syndicaux bénéficient de la protection spéciale contre le licenciement.

- Ils bénéficient des dispositions du Code du travail qui prohibe toute discrimination fondée sur l'appartenance ou l'activité syndicale. L'employeur ne peut refuser une demande de congé, supprimer une prime ou licencier un salarié en raison de son activité syndicale. Toute mesure discriminatoire prise par l'employeur est considérée comme abusive et donne droit à des dommages-intérêts. La victime peut également demander en justice l'annulation des mesures prises.

- Toute entrave à l'exercice du droit syndical dans l'entreprise expose l'employeur ou la personne qui en est l'auteur à des sanctions pénales. Fiche 8

- Le délégué syndical agissant dans le cadre de ses fonctions reste couvert par l'ensemble de la protection sociale dont disposent les salariés de l'entreprise. Ainsi, les délégués syndicaux ont droit à la protection contre les accidents de travail pour les accidents dont ils sont victimes à l'occasion des activités entrant dans les limites de leur mandat, même s'ils surviennent en dehors de l'entreprise et de leur temps de travail.

→ *Les délégués syndicaux ne bénéficient pas d'une immunité absolue du fait de leurs fonctions. Ils engagent leur responsabilité civile s'ils commettent une faute ayant causé un préjudice à un tiers. Ils peuvent également être poursuivis s'ils commettent des actes illicites au cours d'une grève (violences, destruction de matériel, etc.). Dans ce cas, leur action personnelle n'engage pas le syndicat auquel ils appartiennent.*

Le représentant de la section syndicale (RSS)

La loi du 20 août 2008 crée un nouveau mandat dans l'entreprise : le représentant de la section syndicale. Sa fonction sera d'animer la section syndicale afin que le syndicat qui l'a désigné obtienne, aux prochaines élections professionnelles, les résultats lui permettant d'être reconnu comme représentatif, et de désigner alors un délégué syndical aux prérogatives plus étendues.
Il s'agit donc de permettre aux syndicats, n'ayant pas encore fait la preuve de leur représentativité, d'être présents dans l'entreprise.

Qui peut désigner un représentant de la section syndicale ?

Chaque syndicat qui constitue une section syndicale *(voir p. 125)* au sein de l'entreprise ou de l'établissement de 50 salariés ou plus peut, s'il n'est pas représentatif dans l'entreprise ou l'établissement, désigner un représentant de la section pour le représenter au sein de l'entreprise ou de l'établissement.

➔ *Dans les entreprises qui emploient moins de 50 salariés, les syndicats non représentatifs dans l'entreprise qui constituent une section syndicale peuvent désigner, pour la durée de son mandat, un délégué du personnel comme représentant de la section syndicale. Par disposition conventionnelle, ce mandat de représentant peut ouvrir droit à un crédit d'heures. Le temps dont dispose le délégué du personnel pour l'exercice de son mandat peut être utilisé dans les mêmes conditions pour l'exercice de ses fonctions de représentant de la section syndicale.*

Quelles sont les formalités ?

Le nom du représentant de la section syndicale est porté à la connaissance de l'employeur par lettre recommandée avec demande d'avis de réception ou par lettre remise contre récépissé. Il est affiché sur des panneaux réservés aux communications syndicales.

La copie de la communication adressée à l'employeur est adressée simultanément à l'inspecteur du travail.
La même procédure est appliquée en cas de remplacement ou de cessation de fonctions du représentant de la section syndicale.

→ *Les contestations relatives aux conditions de désignation du représentant de la section syndicale sont de la seule compétence du juge judiciaire. Le recours n'est recevable que s'il est introduit dans les quinze jours suivants l'accomplissement des formalités visées ci-dessus (information de l'employeur et affichage). Passé ce délai, la désignation est purgée de tout vice sans que l'employeur puisse soulever ultérieurement une irrégularité pour priver le représentant désigné du bénéfice des dispositions prévues par le Code du travail.*

Qui peut être désigné comme représentant de la section syndicale ?

Le représentant de la section syndicale doit être âgé de 18 ans révolus, travailler dans l'entreprise depuis un an au moins et n'avoir fait l'objet d'aucune interdiction, déchéance ou incapacité relative à ses droits civiques. Ce délai d'un an est réduit à quatre mois en cas de création d'entreprise ou d'ouverture d'établissement.
Dans les entreprises de travail temporaire, la condition d'ancienneté pour être désigné représentant de la section syndicale est fixée à six mois pour les salariés temporaires. Elle est appréciée en totalisant les périodes pendant lesquelles ces salariés ont été liés à ces entreprises par des contrats de mission au cours des dix-huit mois précédant la désignation du représentant de la section syndicale. Ce délai est réduit à six mois en cas de création d'entreprise ou d'ouverture d'établissement.

→ *Les fonctions de représentant de la section syndicale sont compatibles avec celles de délégué du personnel, de représentant du personnel au CE ou d'établissement ou de représentant syndical au CE ou d'établissement*

Quelles sont les missions du représentant de la section syndicale ?

Le représentant de la section syndicale bénéficie des mêmes prérogatives que le délégué syndical, à l'exception de la possibilité de négocier des accords collectifs *(voir précisions ci-dessous).* Il peut, à ce titre, formuler des propositions, des revendications ou des réclamations et assure, par ailleurs, l'interface entre les salariés et l'organisation syndicale à laquelle il appartient.
Pour mener à bien ses missions, il dispose des moyens dévolus par le Code du travail à la section syndicale *(voir p. 126).*

➔ *À la différence du délégué syndical, le représentant de la section syndicale ne peut négocier des accords collectifs (et donc,* a fortiori, *les conclure). Toutefois, à titre dérogatoire, sous certaines conditions, et en l'absence de toute autre possibilité de négociation, le représentant de la section syndicale peut être amené à négocier un accord collectif ; sur cette question particulière, on peut se reporter à la brochure « Représentativité des syndicats : mode d'emploi » ou à la circulaire DGT n° 20 du 13 novembre 2008, disponibles sur le site www.travail-solidarite.gouv.fr.*

Quels sont les moyens des représentants de la section syndicale ?

Il dispose d'un crédit d'heures…

Chaque représentant de la section syndicale dispose d'un temps nécessaire à l'exercice de ses fonctions. Ce temps est au moins égal à quatre heures par mois. Les heures de délégation sont de plein droit considérées comme temps de travail et payées à l'échéance normale.
Le représentant de la section syndicale peut rencontrer les salariés sur leur poste de travail, à condition de ne pas leur apporter de gêne importante, pendant ses heures de délégation ou en dehors de ses heures de travail. Il peut également se déplacer en dehors de l'entreprise, pendant ses heures de délégation, dans l'intérêt de son mandat.

… et des moyens de la section syndicale

Le représentant de la section syndicale peut utiliser les moyens mis à disposition de cette section : panneau d'affichage, local aménagé, possibilité de réunion, etc. *(voir p. 126)*.

De quelles garanties les représentants de la section syndicale bénéficient-ils ?

Les représentants de la section syndicale bénéficient de la protection prévue pour les délégués syndicaux : ils ne peuvent donc être licenciés sans l'autorisation de l'inspecteur du travail. Cette protection bénéfice aussi pendant douze mois aux anciens représentants de la section syndicale ayant exercé leur fonction durant au moins un an.

Par ailleurs, le fait d'apporter une entrave à l'exercice des fonctions du représentant de la section syndicale est sanctionné pénalement.

Comment prend fin le mandat du représentant de la section syndicale ?

Le mandat du représentant de la section syndicale prend fin, à l'issue des premières élections professionnelles suivant sa désignation :

- soit parce que le syndicat qui l'a désigné n'a pas été reconnu représentatif. Le salarié qui perd ainsi son mandat de représentant de la section syndicale ne peut plus être désigné comme tel jusqu'aux six mois précédant la date des élections professionnelles suivantes dans l'entreprise. Toutefois, rien n'interdit au syndicat qui n'a pas été reconnu représentatif de désigner, à l'issue des élections, un autre salarié que celui dont le mandat vient de prendre fin ;
- soit lorsque le syndicat, ayant désigné un représentant de la section syndicale, devient représentatif à l'issue d'une élection professionnelle ; le syndicat perd alors ce mandat de représentant de la section syndicale qui n'a plus d'objet. En effet, cette organisation syndicale est alors en droit de désigner un délégué syndical qui peut être, évidemment, le salarié qui occupait jusque-là les fonctions de représentant de la section syndicale, sous réserve qu'il remplisse les conditions pour être désigné délégué syndical *(sur ces conditions, voir p. 132)*.

→ *En cas de réduction importante et durable de l'effectif en dessous de 50 salariés, la suppression du mandat de représentant de la section syndicale est subordonnée à un accord entre l'employeur et l'ensemble des organisations syndicales représentatives. À défaut d'accord, l'autorité administrative peut décider que le mandat de représentant de la section syndicale prend fin.*

LES FICHES

FICHE 1 Le cadre de la mise en place des institutions représentatives du personnel

C'est en principe au niveau de l'entreprise que se mettent en place les institutions représentatives du personnel. Toutefois la loi prévoit plusieurs exceptions, afin de tenir compte notamment des situations dans lesquelles la collectivité de travail est dispersée géographiquement.

Au niveau des entreprises d'une certaine taille

■ Dès qu'une entreprise emploie au moins onze salariés, l'employeur doit organiser des élections de délégués du personnel. Les salariés travaillant dans des entreprises de moindre importance réunies sur un même site ont la possibilité d'élire des délégués de site *(voir p. 11)*.

■ Les entreprises d'au moins 50 salariés doivent procéder à l'élection d'un CE.

■ Dans les entreprises d'au moins 50 salariés, les organisations syndicales représentatives peuvent procéder à la désignation d'un délégué syndical.

Des conventions ou accords collectifs peuvent prévoir la mise en place de délégués du personnel ou de CE, ou la désignation de délégués syndicaux, dans les entreprises dont l'effectif est inférieur aux seuils susvisés.

Si l'entreprise est structurée en établissements distincts, les élections doivent se dérouler à l'échelon de ces établissements, de même que la désignation des délégués syndicaux.

Au niveau de chaque établissement distinct de l'entreprise

Il n'existe pas de définition légale de la notion d'établissement distinct. La jurisprudence considère que celle-ci s'apprécie en fonction de la nature de l'institution représentative du personnel à mettre en place.

■ **Pour l'élection des délégués du personnel**, l'établissement distinct se définit comme le regroupement d'au moins onze salariés constituant une communauté de travail ayant des intérêts propres, susceptible de générer des réclamations communes et spécifiques, et travaillant en présence d'un représentant du chef d'entreprise, sans qu'il soit tenu compte de l'étendue des pouvoirs que le chef d'entreprise a délégués à la personne qui le représente.

■ **Pour la désignation des délégués syndicaux,** l'établissement distinct se définit de la même manière que pour les délégués du personnel, sous réserve de l'effectif (au moins 50 salariés) et de la substitution de la notion de « revendication » à celle de « réclamation ».

■ **Pour la mise en place d'un comité d'établissement**, les tribunaux exigent généralement la réunion des critères suivants : implantation géographique distincte, stabilité, autonomie suffisante tant pour la gestion du personnel que pour l'exécution du service. Dans ce cas, un comité d'établissement est constitué dans chaque établissement distinct, et un comité central d'entreprise est mis en place au niveau de l'entreprise.

En matière d'élections des représentants du personnel, le nombre d'établissements distincts fait l'objet d'un accord entre le chef d'entreprise et les organisations syndicales représentatives dans l'entreprise. À défaut d'accord, c'est le directeur départemental du travail, de l'emploi et de la formation professionnelle (DDTEFP) dans le ressort duquel se trouve le siège de l'entreprise qui se prononce sur la qualité d'établissement distinct. Aucune disposition similaire n'est prévue en matière de désignation des délégués syndicaux : le litige éventuel doit donc être porté devant le tribunal d'instance.

Au niveau d'une unité économique et sociale (UES)

L'UES regroupe, par voie d'accord conclu entre l'ensemble des employeurs et des organisations syndicales concernées ou décision de justice (tribunal d'instance), des entreprises juridiquement distinctes entre lesquelles est constatée l'existence :

• d'une « unité économique » caractérisée par une concentration des pouvoirs de direction, une communauté d'intérêts et l'existence d'activités identiques ou complémentaires ;

• et d'une « unité sociale », caractérisée par l'existence de conditions de travail similaires (voire une permutabilité des salariés entre les différentes sociétés) et la soumission du personnel à des règles communes.

Lorsqu'une UES est ainsi reconnue, un CE et des délégués du personnel peuvent y être élus, dès lors que les seuils légaux sont atteints. Pour leur part, si les conditions d'effectifs sont réunies, les organisations syndicales pourront y procéder à la désignation de délégués syndicaux.

→ *La notion d'« unité économique et sociale» et celle de « comité de groupe »* (voir ci-dessous) *étant incompatibles, une UES ne peut être reconnue à un niveau où existe déjà un comité de groupe.*

Au niveau du groupe

Un comité de groupe doit être mis en place au sein du groupe formé par une entreprise appelée « entreprise dominante » et les entreprises qu'elle contrôle dans les conditions définies à l'article L. 233-1 (filiales à plus de 50 %), aux I et II de l'article L. 233-3 et L. 233-16 du Code de commerce (définition des critères de contrôle d'une entreprise par une autre), dont le siège social est situé sur le territoire français.
Est également considérée comme entreprise dominante, pour la constitution d'un comité de groupe, une entreprise qui exerce une influence dominante sur une autre entreprise dont elle détient au moins 10 % du capital, lorsque la permanence et l'importance des relations de ces entreprises établissent l'appartenance de l'une et de l'autre à un même ensemble économique.
L'existence d'une influence dominante est présumée établie, sans préjudice de la preuve contraire, lorsqu'une entreprise, directement ou indirectement :
- peut nommer plus de la moitié des membres des organes d'administration, de direction ou de surveillance d'une autre entreprise ;
- ou dispose de la majorité des voix attachées aux parts émises par une autre entreprise ;
- ou détient la majorité du capital souscrit d'une autre entreprise.

→ *Selon la Cour de cassation, seule l'entreprise « tête de groupe », qui n'est détenue par aucune autre, est tenue de mettre en place un comité de groupe. La constitution de comités de « sous-groupe » (au niveau des entreprises dominées par l'entreprise « tête de groupe », mais dominant elles-mêmes d'autres entreprises du groupe) n'est pas obligatoire, mais peut avoir lieu par voie conventionnelle.*

Le décompte des effectifs

FICHE 2

La mise en place des institutions représentatives du personnel dépend de l'effectif de l'entreprise. Son décompte obéit aux règles figurant notamment aux articles L. 1111-2 et L. 1111-3 du Code du travail.

Les salariés pris en compte

Entrent dans l'effectif de l'entreprise les salariés liés à elle par un contrat de travail (temps plein ou partiel, à durée déterminée ou indéterminée, etc.) et les salariés mis à sa disposition par une entreprise extérieure, qui sont présents dans les locaux de l'entreprise utilisatrice et y travaillent depuis au moins un an, ainsi que les travailleurs temporaires.

À noter toutefois : les salariés sous contrat à durée déterminée et les salariés mis à disposition par une entreprise extérieure, y compris les salariés temporaires, ne sont pas comptés dans l'effectif s'ils remplacent un salarié absent ou dont le contrat de travail est suspendu du fait d'un congé de maternité, d'adoption ou d'un congé parental d'éducation, notamment.

En outre, certains salariés titulaires de contrats de travail de type particulier ou se trouvant dans une situation particulière ne sont pas pris en compte dans l'effectif pour la mise en place de la représentation du personnel. Il s'agit des titulaires :

- d'un contrat d'apprentissage ;
- d'un contrat de professionnalisation (l'exclusion de l'effectif des salariés en contrat de professionnalisation est prévue jusqu'au terme du contrat de professionnalisation s'il est à durée déterminée ou jusqu'au terme de l'action de professionnalisation si le contrat est à durée indéterminée) ;
- d'un contrat initiative emploi (exclusion limitée à la durée de la convention liant l'employeur et l'État) ;
- d'un contrat insertion-revenu minimum d'activité (CI-RMA) (exclusion limitée à la durée de la convention de CI-RMA liant l'employeur et l'État ou le département) ;
- d'un contrat d'accompagnement dans l'emploi (pour les CAE conclus à compter du 1er janvier 2010 dans le cadre du nouveau « contrat unique

d'insertion », la non prise en compte dans l'effectif sera limitée à la durée de la convention liant l'employeur et, selon le cas, l'État ou de département) ;
• d'un contrat d'avenir ;
• d'un contrat d'accès à l'emploi (contrat spécifique aux DOM, à Saint-Barthélemy, à Saint-Martin et à Saint-Pierre-et-Miquelon ; voir l'article L. 5522-16 du Code du travail).

→ *Jusqu'au 31 décembre 2010, les organismes de recherche, les établissements d'enseignement supérieur et les entreprises peuvent mettre leurs salariés à la disposition d'une entreprise, d'un établissement d'enseignement supérieur ou d'un organisme de recherche faisant partie d'un même pôle de compétitivité tel que défini par l'article 24 de la loi n° 2004-1484 du 30 décembre 2004 de finances pour 2005. Les salariés ainsi mis à disposition, dans les conditions prévues par l'article 47 de la loi n° 2006-1770 du 30 décembre 2006, ne sont pas pris en compte pour le calcul des effectifs de l'entreprise, l'établissement ou l'organisme d'accueil.*

En revanche, doivent être pris en compte :
• les salariés en période de préavis ;
• les cadres assimilés au chef d'entreprise. S'ils ne peuvent être ni élus, ni électeurs aux élections des représentants du personnel *(voir p. 16 et 20)*, ils doivent cependant être pris en compte dans l'effectif.

Les modalités de calcul

■ Les salariés titulaires d'un contrat à durée indéterminée à temps plein et les travailleurs à domicile sont pris intégralement en compte dans l'effectif de l'entreprise.

■ Les salariés à temps partiel, quelle que soit la nature de leur contrat de travail, sont pris en compte en divisant la somme totale des horaires inscrits dans leurs contrats de travail par la durée légale ou la durée conventionnelle du travail.

→ Exemple

Si quatre salariés à temps partiel effectuent respectivement les horaires hebdomadaires suivants : 28 heures, 26 heures, 20 heures et 16 heures, et accomplissent au total : 90 heures par semaine. Si l'horaire pratiqué dans l'entreprise est de 35 heures par semaine, ces quatre travailleurs à temps partiel sont décomptés pour : 90/35 = 2,57.

Si par ailleurs, l'entreprise compte huit salariés à temps plein, son effectif total sera de : 8 + 2,57 = 10,57 (aucune règle d'arrondi ne s'applique). Ne comptant pas au moins onze salariés, elle ne sera ainsi pas tenue de mettre en place des délégués du personnel.

■ Sont pris en compte dans l'effectif de l'entreprise au prorata de leur temps de présence au cours des douze mois précédents :
- les salariés sous contrat à durée déterminée ;
- les salariés sous contrat de travail intermittent ;
- les salariés mis à la disposition de l'entreprise par une entreprise extérieure, qui sont présents dans les locaux de l'entreprise utilisatrice et y travaillent depuis au moins un an, ainsi que les salariés temporaires.

Période de référence pour la mise en place de l'institution

L'effectif requis pour la mise en place de l'institution représentative du personnel doit être atteint pendant douze mois, consécutifs ou non, au cours des 3 années précédentes. La jurisprudence précise que l'effectif doit se calculer mois par mois et non en effectuant la moyenne des trois années.

En cas de réduction durable de l'effectif

Si l'effectif de l'entreprise se réduit de manière importante (au moins 10 %) et durable (baisse constatée pendant au moins 24 mois) au-dessous de 50 salariés, le CE ou le mandat de délégué syndical peut être supprimé par accord entre le chef d'entreprise et l'ensemble des organisations syndicales représentatives. Faute d'accord, cette décision revient au directeur départemental du travail.
À l'expiration du mandat des délégués du personnel, l'institution n'est pas renouvelée si les effectifs de l'établissement sont restés en dessous de onze salariés pendant au moins douze mois. Dans ce cas, le renouvellement intervient dès que les conditions d'effectif prévues ci-dessus sont à nouveau remplies, la période de trois ans étant calculée à partir de la fin du dernier mandat des délégués du personnel. Ainsi, à la différence de la règle qui prévaut pour le CE ou les délégués syndicaux, le non-renouvellement de l'institution des DP en cas de baisse de l'effectif est acquis sans qu'il soit besoin d'un accord entre le chef d'entreprise et toutes les organisations syndicales représentatives, ou, à défaut, d'une décision du DDTEFP.

FICHE 3 Le comité d'entreprise européen (CEE)

En vue d'améliorer le dialogue social à l'échelon européen, les entreprises ou groupes d'entreprises de dimension communautaire doivent mettre en place un CEE ou une procédure d'information, d'échanges de vues et de dialogue sur les questions transnationales affectant considérablement les intérêts des salariés.

Les pays et entreprises concernés

■ Les pays concernés sont ceux de l'Union européenne : Allemagne, Autriche, Belgique, Bulgarie, Chypre, Danemark, Espagne, Estonie, Finlande, France, Grèce, Hongrie, Italie, Irlande, Lettonie, Lituanie, Luxembourg, Malte, Pays-Bas, Pologne, Portugal, République tchèque, Roumanie, Royaume-Uni, Slovaquie, Slovénie, Suède, et ceux de l'Espace économique européen (EEE) : Islande, Liechtenstein et Norvège.

■ Les entreprises (ou groupes d'entreprises) concernées sont celles employant au moins 1 000 salariés dans les États membres de l'Union européenne et de l'EEE et qui comportent au moins un établissement (ou, pour les groupes, une entreprise) d'au moins 150 salariés dans au moins deux de ces États.

En revanche, ne sont pas concernées par cette obligation, les entreprises et groupes d'entreprises ayant mis en place par voie d'accord collectif, conclu avant le 22 septembre 1996, une instance ou d'autres modalités d'information, d'échanges de vues et de dialogue à l'échelon communautaire.

Mise en place d'un CEE

Un CEE se met en place par la conclusion d'un accord.
De sa propre initiative ou à la demande d'au moins 100 salariés relevant de deux États membres différents, le chef d'entreprise constitue à cet effet un groupe spécial de négociation composé de représentants de l'ensemble des salariés.
Les négociations ont pour objectif d'aboutir à un accord qui détermine :
• les établissements et les entreprises concernés ;
• la composition du CEE, en particulier le nombre de ses membres, la répartition des sièges et la durée du mandat ;

- les attributions du CEE et les modalités selon lesquelles l'information, l'échange de vues et le dialogue se déroulent en son sein ;
- le lieu, la fréquence et la durée des réunions du CEE ;
- les moyens matériels et financiers alloués ;
- la durée de l'accord et la procédure de sa renégociation.

Les négociations ont trois ans pour aboutir. Passé ce délai, l'entreprise est obligée de mettre en place un CEE ou une procédure d'information et de consultation à caractère transnational dans les six mois.

➔ *Lorsque le chef d'entreprise a refusé la mise en place d'un groupe spécial de négociation ou l'ouverture de négociations demandées par les salariés, dans un délai de six mois à compter de la réception de la demande présentée par ces derniers, il doit constituer un CEE dans un délai maximal de six mois.*

Attributions du CEE

Le CEE ne se substitue pas aux instances représentatives en place dans les entreprises des différents États membres. Il vient les renforcer.

Le CEE se réunit au moins une fois par an pour faire le point sur les activités de l'entreprise, sa situation économique et financière, la situation et l'évolution probable de l'emploi, l'introduction de nouvelles méthodes de travail, la réduction de la taille ou la fermeture de l'entreprise et les licenciements collectifs.
Le CEE doit être réuni en urgence en cas de délocalisation, de fermeture, de licenciements collectifs, de fusion, d'acquisition, de cession ou d'autres circonstances exceptionnelles.
Les membres du CEE disposent individuellement d'un crédit d'heures rémunérées dans la limite de 120 heures par an.

CEE et comité de groupe

Lorsqu'un groupe d'entreprises a mis en place un CEE, il peut être décidé par voie d'accord (passé soit au sein du groupe spécial de négociation soit au sein du groupe) un aménagement des conditions de fonctionnement ou, le cas échéant, la suppression du comité de groupe. L'entrée en vigueur de l'accord est subordonnée à un vote favorable du comité de groupe. En cas de suppression du comité de groupe, les attributions de celui-ci sont transférées au CEE.

FICHE 4 Le comité de la société européenne (CSE)

Les entreprises constituées sous la forme société européenne doivent conclure un accord déterminant les modalités d'information, de consultation et, éventuellement, de participation de leurs salariés. À défaut, elles doivent mettre en place un comité de la société européenne.

Les entreprises concernées

Ces dispositions s'appliquent :
- aux entreprises constituées conformément au règlement CE n° 2157/2001 du Conseil du 8 octobre 2001 relatif au statut de la société européenne (SE) ayant leur siège en France ;
- aux filiales et établissements situés en France d'une SE située dans un autre État membre de l'Union européenne ou dans l'Espace économique européen ;
- aux sociétés participant à la constitution d'une SE et ayant leur siège en France.

Mise en place d'un groupe spécial de négociation (GSN)

Le chef d'entreprise doit tout d'abord constituer un GSN chargé de déterminer, par accord, les modalités de l'implication des salariés au sein de la SE.
Les sièges au sein du groupe spécial de négociation sont répartis entre les États membres en proportion du nombre de salariés employés dans chacun de ces États par rapport à l'effectif total de la SE.
Les membres du GSN sont désignés par les organisations syndicales de salariés parmi leurs élus aux comités d'entreprise ou d'établissement ou leurs représentants syndicaux, sur la base des résultats des dernières élections.
Il en va de même des représentants des salariés des sociétés participantes, filiales ou établissements concernés situés en France et relevant d'une société européenne située dans un État autre que la France.
Pour les sociétés situées en France, les sièges sont répartis entre les collèges proportionnellement à l'importance numérique de chacun d'entre eux. Les sièges affectés à chaque collège sont répartis entre les organisations syndicales proportionnellement au nombre d'élus qu'elles ont obtenu dans ces collèges.

Il est fait application du système de la représentation proportionnelle au plus fort reste.
La désignation des membres du groupe spécial de négociation doit être notifiée par l'organisation syndicale à l'employeur par lettre recommandée avec demande d'avis de réception.
Dans le cas où il n'existe pas d'organisation syndicale dans la SE dont le siège social se trouve en France, les représentants du personnel au GSN sont élus directement selon les règles en vigueur pour l'élection des représentants du personnel au CE. Il en va de même dans le cas où il n'existe pas d'organisation syndicale dans l'établissement ou l'entreprise.

➔ *Les membres du groupe spécial de négociation désignés par les sociétés participantes implantées dans un État membre autre que la France sont élus ou désignés selon les règles en vigueur dans l'État considéré.*

Les négociations ont pour but de parvenir à un accord déterminant :
• les sociétés participantes, les établissements et filiales concernées par l'accord ;
• la composition, le nombre de membres et la répartition des sièges de l'organe de représentation qui sera l'interlocuteur de l'organe dirigeant de la SE pour l'information et la consultation des salariés ;
• les attributions et la procédure prévue pour l'information et la consultation de l'organe de représentation ;
• la fréquence des réunions de l'organe de représentation ;
• les ressources financières et matérielles à allouer à cet organe de représentation ;
• les modalités de mise en œuvre de procédures d'information et de consultation lorsque celles-ci ont été instituées par accord, en lieu et place d'un organe de représentation ;
• éventuellement, les modalités de participation des salariés (élection ou désignation de représentants des salariés au conseil d'administration de la société) ;
• la date d'entrée en vigueur de l'accord, sa durée et les règles concernant sa renégociation.

La mise en place du CSE

Lorsqu'au bout de six mois (cette période pouvant être prolongée de six mois supplémentaires par accord des parties) aucun accord n'a été conclu, un comité de la société européenne doit être mis en place.

Les dirigeants des sociétés participantes ou le groupe spécial de négociation peuvent également décider, par accord, de mettre directement en place un CSE.

Composition du CSE

Le CSE est composé :

• du dirigeant de la SE (ou de son représentant) assisté de deux collaborateurs de son choix ;

• de représentants du personnel des sociétés participantes, filiales et établissements concernés, désignés selon les mêmes règles que les membres du groupe spécial de négociation.

Le CSE désigne un secrétaire parmi ses membres et, lorsqu'il comprend au moins dix représentants du personnel, élit en son sein, un bureau de trois membres.

Attributions et fonctionnement du CSE

Le CSE se réunit au moins une fois par an pour faire le point sur la situation économique et financière de la société, l'évolution probable de l'activités, la production et les ventes, la situation et l'évolution probable de l'emploi, les investissements, les changements substantiels intervenus concernant l'organisation, l'introduction de nouvelles méthodes de travail ou de nouveaux procédés de production, les transferts de productions, les fusions, la réduction ou la fermeture d'entreprises ou de parties de celles-ci et les licenciements collectifs, notamment.

Le CSE doit également être réuni en cas de circonstances exceptionnelles (délocalisation, fermeture d'entreprise, licenciement collectif, lancement d'une OPA ou d'une OPE sur une autre entreprise, par exemple).

Le CSE adopte un règlement intérieur qui fixe ses modalités de fonctionnement.

Les membres du CSE disposent individuellement d'un crédit d'heures dans la limite de 120 heures par an.

La délégation unique de personnel (DUP)

FICHE 5

Dans les entreprises de moins de 200 salariés, l'employeur peut décider la mise en place d'une délégation unique de représentation du personnel. Celle-ci réunit les attributions des délégués du personnel et du CE au sein d'une même délégation élue, en confiant les missions du CE aux délégués du personnel. Le nombre et le crédit d'heures des délégués sont augmentés en conséquence.

➔ *Lorsqu'elle est mise en place, dans les conditions précisées ci-dessous, la DUP concerne, le cas échéant, l'ensemble des établissements qui constituent l'entreprise. Il est donc impossible de faire coexister plusieurs systèmes, et notamment d'élire des délégués du personnel avec ces seules fonctions au sein d'un établissement, si le principe d'une délégation unique a été adopté au niveau de l'entreprise.*

Une mise en place décidée par l'employeur

Dans les entreprises dont l'effectif est compris entre 50 et 199 salariés, l'employeur peut choisir de mettre en place une délégation unique du personnel. C'est à lui qu'en revient l'initiative après consultation des délégués du personnel et, s'il existe, du CE.
Le chef d'entreprise ne peut exercer cette faculté qu'à l'occasion de la mise en place du CE ou de son renouvellement.
La durée du mandat des délégués du personnel est « ajustée » (réduite ou prolongée) pour la faire coïncider avec celle du CE.
La délégation unique peut être mise en place au niveau des établissements distincts de moins de 50 salariés dès lors que l'entreprise compte au total moins de 200 salariés.

Un nombre d'élus variable selon les effectifs

Le nombre des délégués du personnel élus dans le cadre de la délégation unique varie selon l'effectif de l'entreprise :

- de 50 à 74 salariés : 3 titulaires et 3 suppléants ;
- de 75 à 99 salariés : 4 titulaires et 4 suppléants ;
- de 100 à 124 salariés : 5 titulaires et 5 suppléants ;

- de 125 à 149 salariés : 6 titulaires et 6 suppléants ;
- de 150 à 174 salariés : 7 titulaires et 7 suppléants ;
- de 175 à 199 salariés : 8 titulaires et 8 suppléants.

Les effectifs s'apprécient soit au niveau de l'entreprise soit au niveau de chaque établissement considéré comme distinct d'au moins 50 salariés.

Le nombre de délégués peut être augmenté conventionnellement.

Un fonctionnement propre au CE et aux délégués du personnel

Lorsqu'une délégation unique du personnel est mise en place, l'institution des délégués du personnel et celle du CE restent distinctes et fonctionnent selon leurs règles propres. Ainsi, les réunions mensuelles des délégués du personnel et du CE se déroulent séparément à la suite l'une de l'autre sur convocation du chef d'entreprise. L'ordre du jour de chacune d'elles doit être distinct.

Un crédit d'heures complémentaire

Le crédit d'heures attribué aux élus du personnel pour exercer leurs attributions de délégué du personnel et de membre du CE est fixé au maximum, sauf circonstances exceptionnelles, à 20 heures par mois (au lieu de 15 heures en tant que délégué du personnel). Ce crédit d'heures peut être majoré par voie conventionnelle.

Les deux réunions prévues par le Code du travail (pour les délégués du personnel et le CE) ont lieu chaque mois à la suite l'une de l'autre, sur convocation du chef d'entreprise. Le temps passé en réunion par les délégués n'est pas imputé sur leur crédit d'heures.

La représentativité syndicale

FICHE 6

La loi n° 2008-789 du 20 août 2008 « portant rénovation de la démocratie sociale et réforme du temps de travail » a modifié en profondeur les règles de représentativité des organisations syndicales de salariés au niveau de l'entreprise, de l'établissement et du groupe. L'objectif est de renforcer leur légitimité, notamment par la prise en compte dans la détermination de leur représentativité d'une mesure périodique de leur audience aux élections professionnelles ; des mesures transitoires sont toutefois prévues. On rappelle que seuls les syndicats représentatifs peuvent désigner un délégué syndical.

➔ *La loi du 20 août 2008 modifie également les critères de représentativité au niveau de la branche et au niveau national et interprofessionnel : sur ce point, on peut se reporter aux précisions figurant dans la circulaire DGT n° 20 du 13 novembre 2008, disponible sur le site* www.travail-solidarite.gouv.fr, *et notamment à sa fiche n° 8.*

Les critères de la représentativité

Pour être considérée comme représentative, une organisation syndicale doit satisfaire à un ensemble de critères cumulatifs. Voici lesquels :

- le respect de valeurs républicaines, notamment pour garantir la liberté d'opinion politique, philosophique ou religieuse, et le refus de toute discrimination, de tout intégrisme et de toute intolérance ;
- l'indépendance, vis-à-vis de l'employeur ;
- la transparence financière : ce nouveau critère sera assuré par des règles de certification et de publication des comptes des confédérations, fédérations et unions régionales de syndicats, ainsi que tout syndicat à partir d'un seuil de ressources fixé par décret ;
- une ancienneté d'au moins deux ans (appréciée à compter de la date de dépôt légal des statuts) dans le champ géographique et professionnel de l'entreprise ;
- une audience suffisante aux élections professionnelles *(voir ci-dessous)*. Cette disposition conduira à une appréciation de la représentativité des syndicats à chaque nouvelle élection dans les entreprises et les établissements ;
- une influence, prioritairement caractérisée par l'activité (actions menées par le syndicat) et l'expérience ;
- des effectifs d'adhérents et des cotisations suffisants.

La mesure de l'audience aux élections

Pour être reconnu représentatif dans l'entreprise ou l'établissement, l'organisation syndicale doit, parmi les critères requis, justifier d'une audience suffisante aux élections professionnelles. Il s'agit là du critère prépondérant, qui, plus que tout autre, fonde, notamment aux yeux de la collectivité des salariés, la légitimité du syndicat dans l'entreprise.
Ainsi, désormais, dans l'entreprise ou l'établissement, peuvent être considérées comme représentatives les organisations syndicales qui ont recueilli au moins 10 % des suffrages exprimés (hors votes blancs et nuls) au premier tour des dernières élections des titulaires au CE ou de la délégation unique du personnel ou, à défaut, des délégués du personnel, quel que soit le nombre de votants.
La représentativité se mesure, en priorité, au niveau du CE ou du comité d'établissement, s'il existe ; à défaut de CE, les résultats des élections des délégués du personnel servent de base à l'appréciation de ce critère.
Seul le premier tour des élections est pris en compte, que le quorum soit ou non atteint ; si le quorum n'est pas atteint, ce premier tour doit donc être dépouillé, afin de servir à la mesure de l'audience des organisations syndicales.

→ *Lorsqu'une liste commune a été établie par des organisations syndicales, la répartition entre elles des suffrages exprimés doit se faire sur la base indiquée par les organisations syndicales concernées lors du dépôt de leur liste. À défaut d'indication, la répartition des suffrages se fait à part égale entre les organisations concernées.*

La situation des entreprises à établissements multiples

Dans les entreprises à établissements multiples, il convient de distinguer deux situations :

- Dans une entreprise avec un seul CE, mais composée de plusieurs établissements distincts dans lesquels se déroulent des élections de délégués du personnel, ce sont les élections au CE qui sont prises en compte pour déterminer les syndicats représentatifs dans l'entreprise et l'ensemble des établissements.

- Dans une entreprise composée de plusieurs établissements distincts dans lesquels se déroulent des élections au comité d'établissement :
  - la représentativité au niveau des établissements se fonde sur les résultats des élections des comités d'établissement ;

• la représentativité d'un syndicat au niveau de l'entreprise (pour la désignation d'un délégué syndical central, par exemple, ou la négociation d'un accord au niveau central de l'entreprise) se calcule par l'addition de l'ensemble des suffrages obtenus par le syndicat dans l'ensemble des établissements, quel que soit le pourcentage qu'il a obtenu par établissement.
Lorsque les élections des différents établissements d'une entreprise sont échelonnées dans le temps, les suffrages des dernières élections de chaque établissement sont comptabilisés.
Le point de départ est celui de l'établissement qui organise les élections en premier (pour la première mesure, à compter de la première réunion du protocole d'accord préélectoral postérieure à la publication de la loi). Le point d'arrivée est constitué par la dernière élection d'établissement permettant de connaître l'ensemble des suffrages pour la détermination de la représentativité sur l'ensemble de l'entreprise. Par la suite, s'ouvre un nouveau cycle d'élections dans les établissements permettant la mesure de la représentativité au sein de l'entreprise.

➔ *La représentativité des organisations syndicales au niveau de tout ou partie d'un groupe est appréciée par addition de l'ensemble des suffrages obtenus dans les entreprises ou établissements concernés. Il n'est donc pas exigé d'obtenir 10 % dans chaque entreprise ou établissement du groupe, mais 10 % au niveau de tout ou partie du groupe concerné.*

La représentativité spécifique dans certains collèges

L'audience des syndicats catégoriels, affiliés à une confédération catégorielle interprofessionnelle nationale, est mesurée dans le ou les seuls collèges dans lesquels ils ont vocation à présenter des candidats. Dans le paysage syndical actuel, seule la CFE-CGC est visée par ce dispositif.
La représentativité du syndicat catégoriel s'apprécie au regard des suffrages qu'il a recueillis dans le ou les collèges dans lesquels ses statuts lui donnent vocation à présenter des candidats.

Les dispositions transitoires

La redéfinition de la représentativité des syndicats par la loi du 20 août 2008 fait disparaître la présomption irréfragable de représentativité accordée jusqu'à présent à toute organisation syndicale affiliée à l'une des cinq confédérations considérées comme représentatives au plan national (CGT, CFDT, CGT-FO, CFTC, CFE-CGC).

Des dispositions transitoires sont toutefois prévues. Ainsi, jusqu'aux résultats des premières élections professionnelles dans l'entreprise ou l'établissement, pour lesquelles la date fixée pour la première réunion de la négociation du protocole d'accord préélectoral est postérieure au 21 août 2008 (date de publication de la loi du 20 août 2008), est présumé représentatif à ce niveau :

• tout syndicat affilié à l'une des organisations syndicales de salariés mentionnées ci-dessus, ainsi que tout syndicat déjà représentatif à ce niveau au 21 août 2008 ;

• tout syndicat constitué à partir du regroupement de plusieurs syndicats dont l'un au moins est affilié à une organisation syndicale de salariés représentative au niveau national et interprofessionnel au 21 août 2008.

La protection des représentants du personnel

FICHE 7

Les représentants du personnel bénéficient d'une protection particulière pour ne pas subir de sanctions (rupture de contrat ou modification de leurs conditions de travail) liées à l'exercice de leurs fonctions représentatives. Par ailleurs, un employeur ne peut prendre de mesure discriminatoire en raison de l'appartenance syndicale des salariés ou des candidats à un emploi.

Une protection élargie

La protection s'applique aux représentants élus, titulaires et suppléants (délégués du personnel et membres du CE) en fonction dans l'entreprise. Elle joue à compter du jour de la proclamation des résultats jusqu'à la fin de leur mandat. Elle est maintenue pendant six mois à compter de l'expiration de ce dernier. Les représentants du personnel au CHSCT bénéficient de la même protection que les membres élus du comité d'entreprise.

Les représentants syndicaux au comité d'entreprise sont protégés de la même manière que les membres élus pendant toute la durée de leurs fonctions. Ils le sont encore six mois après si, désignés depuis deux ans, ils ne sont pas reconduits dans leurs fonctions au moment du renouvellement du CE.

Les délégués syndicaux et les représentants de la section syndicale sont protégés à compter de la date de réception par l'employeur de la lettre notifiant leur désignation. Leur protection dure douze mois après la cessation de leurs fonctions lorsque celles-ci ont duré un an au moins.

Les représentants du personnel (délégués du personnel, membres du comité d'entreprise, délégués syndicaux) mis en place par voie conventionnelle sont également protégés. Toutefois, les institutions représentatives du personnel, créées par voie conventionnelle, doivent, pour ouvrir à leurs membres le bénéfice de la procédure spéciale protectrice prévue en faveur des représentants du personnel et des syndicats, être de même nature que celles prévues par le Code du travail.

La protection s'applique aussi à d'autres catégories de salariés. Ainsi en bénéficient :

■ Les salariés qui ont demandé à l'employeur d'organiser les élections au CE ou des délégués du personnel, ou d'accepter d'organiser ces élections, pendant une durée de six mois qui court à compter de l'envoi à l'employeur de la lettre recommandée par laquelle une organisation a, la première, demandé ou accepté qu'il soit procédé à des élections. Cette protection vise :
• les salariés mandatés par les organisations syndicales pour négocier, sur invitation de l'employeur, le protocole d'accord préélectoral ;
• les salariés mandatés par des organisations syndicales qui demandent l'organisation d'élections ;
• les salariés demandant, de leur propre initiative, l'organisation d'élections professionnelles.
Cette protection ne peut s'appliquer qu'à un seul salarié par organisation syndicale ainsi qu'au premier salarié, non mandaté par une organisation syndicale, qui a demandé l'organisation des élections.

■ Les candidats aux élections (premier et second tour) des délégués du personnel et des membres du CE, titulaires ou suppléants. La durée de la protection est de six mois à compter de l'envoi à l'employeur de la liste des candidatures. Le retrait de la candidature ne fait pas obstacle à cette protection. Selon la Cour de cassation, cette protection joue dès lors que la preuve peut être rapportée que l'employeur a eu connaissance de façon certaine de la candidature du salarié.

■ Les salariés dont la candidature ou la désignation est imminente. La protection joue dans la mesure où l'employeur a connaissance de leur future candidature ou désignation.

D'autres catégories de salariés bénéficient de cette protection spéciale contre le licenciement, selon des règles particulières : candidats aux fonctions de conseiller prud'homme, conseillers et anciens conseillers prud'homaux, conseillers du salarié, représentants des salariés dans les procédures collectives (sauvegarde, liquidation ou redressement judiciaire), salariés mandatés par une organisation syndicale représentative pour négocier dans une entreprise dépourvue de délégués syndicaux ou d'élus du personnel, salariés exerçant le mandat d'administrateur de caisse de sécurité sociale, etc.

En cas de rupture du contrat

La procédure spéciale protégeant les représentants du personnel s'applique avant tout en matière de licenciement quel qu'en soit le motif : économique ou personnel. La faute grave ou lourde du salarié ne lève pas la protection (l'employeur peut toutefois prononcer la mise à pied provisoire du salarié en attendant l'autorisation de l'inspecteur du travail). Elle doit également être respectée en cas de rupture par l'employeur durant la période d'essai. La protection s'applique également en cas de mise à la retraite (ou préretraite) à l'initiative de l'employeur.

En cas d'interruption ou de non-renouvellement de la mission d'un salarié protégé travailleur temporaire, il revient à l'entreprise de travail temporaire (et non à l'entreprise utilisatrice) de mettre en œuvre la protection spéciale.

S'agissant des salariés protégés titulaires d'un CDD, les règles suivantes s'appliquent :
• les règles protectrices visées ci-dessous s'appliquent si l'employeur envisage de rompre le contrat avant l'échéance du terme en raison d'une faute grave du salarié, ou n'envisage pas de renouveler le contrat qui comporte une clause de report de terme ;
• si le CDD ne comporte pas de clause de report du terme, l'arrivée du terme du contrat n'entraîne la cessation du lien contractuel qu'après constatation par l'inspecteur du travail que le salarié ne fait pas l'objet d'une mesure discriminatoire. Un mois avant l'arrivée du terme du contrat, l'employeur doit saisir l'inspecteur du travail qui doit statuer avant la date du terme du contrat. Dans cette situation, le CE n'a pas à être consulté.

→ *La procédure de rupture conventionnelle du CDI, dans le cadre fixé par les articles L. 1237-11 et suivants du Code du travail, peut s'appliquer aux salariés protégés (délégués du personnel, délégués syndicaux, membre élu du CE, etc.) dont la liste est donnée par les articles L. 2411-1 et L. 2411-2 du Code du travail. Toutefois, dans ce cas, et par dérogation aux dispositions applicables aux salariés ne faisant pas l'objet d'une protection particulière :*
• la rupture conventionnelle est soumise à l'autorisation de l'inspecteur du travail (et non à homologation) dans les conditions de droit commun prévues par le Code du travail pour chacun de ces salariés. La demande d'autorisation, accompagnée d'un exemplaire de la convention, doit être adressée à l'inspecteur du travail au moyen du formulaire réglementaire spécifique aux salariés protégés dont le modèle a été fixé par l'arrêté du 28 juillet 2008 (JO du 6 août) ; cette demande d'autorisation ne peut être transmise à l'inspecteur du travail qu'à l'issue du délai de quinze jours calendaires prévu pour l'exercice du droit de rétractation (pour de plus amples précisions, on peut se reporter à la circulaire DGT n° 2008-11 du 22 juillet 2008 disponible sur le site www.travail-solidarite.gouv.fr) ;

• la rupture du contrat de travail ne peut intervenir que le lendemain du jour de l'autorisation donnée par l'inspecteur du travail, lequel dispose pour instruire la demande du délai de droit commun de l'autorisation qui peut être prolongé jusqu'à deux mois ; la date convenue de rupture du contrat de travail doit donc être fixée en conséquence.

Une procédure spéciale de licenciement

Avant tout licenciement d'un salarié protégé, l'employeur doit respecter une procédure particulière.

■ Avis du CE

L'employeur qui souhaite se séparer d'un salarié protégé doit consulter le CE s'il existe. Le CE donne son avis à bulletin secret, à la majorité des membres présents, après audition du salarié.

Cette consultation préalable du CE n'est pas requise pour le licenciement des délégués syndicaux (sauf dans les entreprises de moins de 300 salariés, dans lesquelles le délégué syndical est automatiquement représentant syndical au CE).

■ Autorisation de l'inspecteur du travail

L'employeur doit adresser à l'inspecteur du travail, par lettre recommandée avec avis de réception, une demande d'autorisation qui énonce les motifs du licenciement envisagé. Si l'avis du CE est requis, le procès verbal de la réunion au cours de laquelle il a émis son avis doit être joint à la demande (cette dernière doit être présentée dans le délai de quinze jours suivant la réunion du CE).

L'inspecteur du travail procède à une enquête contradictoire. Il entend l'employeur et le salarié (ce dernier peut se faire assister, à sa demande, par un représentant de son syndicat). Il vérifie le respect de la procédure, la réalité des motifs invoqués par le chef d'entreprise et l'absence de lien entre la mesure envisagée et le mandat du salarié.

L'inspecteur du travail prend sa décision dans un délai de quinze jours (réduit à huit jours en cas de mise à pied conservatoire) à compter de la réception de la demande d'autorisation à moins que les nécessités de l'enquête ne justifient une prolongation de ce délai. Cette décision doit être motivée et notifiée à l'employeur et au salarié (et à l'organisation syndicale concernée s'il s'agit du licenciement d'un délégué syndical). Le silence gardé au-delà de ce délai ne peut valoir autorisation de licenciement ; en revanche, le silence gardé au-delà d'un délai de deux mois vaut rejet implicite de la demande de l'employeur.

Si l'employeur ne demande pas d'autorisation à l'inspecteur du travail ou s'il passe outre sa décision ou son « silence », le licenciement sera considéré comme nul. Le salarié pourra demander sa réintégration dans l'entreprise, assortie d'une indemnisation pour les salaires perdus entre la date de son licenciement et celle de sa réintégration et, s'il le souhaite, poursuive son employeur devant le tribunal correctionnel pour délit d'entrave. Le salarié qui ne demande pas sa réintégration a droit, au titre de la violation du statut protecteur, à une indemnité égale à la rémunération qu'il aurait dû percevoir entre la date de la rupture et l'expiration de la période de protection ; il a également droit aux indemnités dues au titre de la nullité du licenciement (indemnité légale ou conventionnelle de licenciement plus indemnité au moins égale à six mois de salaires). Cette indemnisation est également due en cas de résiliation judiciaire ou de prise d'acte de la rupture de son contrat par un salarié protégé lorsque les torts de l'employeur sont reconnus.

Un recours possible

Si la décision de l'inspecteur du travail ne le satisfait pas, le salarié ou l'employeur peut exercer, dans un délai de deux mois, un recours hiérarchique devant le ministre du Travail ou un recours contentieux devant le tribunal administratif.

Si le ministre confirme la décision (ou en cas d'absence de réponse dans un délai de quatre mois), l'intéressé peut, dans un délai de deux mois, exercer un recours contentieux contre la décision du ministre devant le tribunal administratif. Le jugement du tribunal administratif est lui-même susceptible d'un recours devant la cour administrative d'appel puis d'un dernier recours devant le Conseil d'État.

Si l'autorisation donnée par l'inspecteur du travail est annulée par le ministre ou par le juge administratif, le salarié a le droit de demander sa réintégration dans l'entreprise dans son emploi antérieur avec le bénéfice de son ancienneté. Le salarié (ou un syndicat mandaté à cet effet par celui-ci) doit demander sa réintégration dans un délai de deux mois à compter de la décision d'annulation.

Modification d'un élément essentiel du contrat de travail

Aucune modification de son contrat de travail ou de ses conditions de travail ne peut être imposée à un salarié protégé. Si ce dernier refuse une telle mesure, l'employeur doit poursuivre le contrat dans les conditions initiales ou engager une procédure spéciale de licenciement *(voir ci-dessus)*.

L'interdiction de discrimination pour raison syndicale

Aucune personne ne peut être écartée d'une procédure de recrutement ou de l'accès à un stage ou à une période de formation en entreprise, de même qu'aucun salarié ne peut être sanctionné, licencié ou faire l'objet d'une mesure discriminatoire, directe ou indirecte, notamment en matière de rémunération (salaire de base, avantages et accessoires annexes au salaire, en nature ou en espèces), de mesures d'intéressement ou de distribution d'actions, de formation, de reclassement, d'affectation, de qualification, de classification, de promotion professionnelle, de mutation ou de renouvellement de contrat en raison notamment de ses activités syndicales.
En cas de litige, il appartient à la personne qui s'estime victime d'une discrimination de soumettre au juge des éléments de fait laissant supposer l'existence de cette discrimination. Il incombe à l'employeur de prouver que sa décision est justifiée par des éléments objectifs étrangers à toute discrimination. Le juge forme sa conviction après avoir ordonné, en cas de besoin, toutes les mesures d'instruction qu'il estime utiles.
Toute disposition ou tout acte contraire au principe de non-discrimination est nul de plein droit.

Le délit d'entrave

FICHE 8

L'employeur qui porte atteinte à la mise en place et au bon fonctionnement des institutions représentatives du personnel ou à l'exercice du droit syndical s'expose à des sanctions pénales pour délit d'entrave.

La définition du délit d'entrave

Le délit d'entrave n'est pas défini par la loi. Il sanctionne tout agissement, toute décision ayant pour but de limiter, ou d'empêcher, le fonctionnement normal des institutions représentatives du personnel, qu'il s'agisse du CE, du comité d'établissement ou du comité de groupe…, des délégués du personnel, du CHSCT, de l'exercice du droit syndical, etc.

L'auteur de l'entrave est, dans la majorité des situations, l'employeur ou son représentant. Mais le Code du travail ne faisant aucune distinction selon l'auteur de l'infraction, la Cour de cassation a pu considérer que ne pouvaient être écartées les « préventions d'entraves à l'exercice du droit syndical et au fonctionnement régulier du CE à l'égard de membres du personnel d'une entreprise » qui se sont « opposés à la réintégration à son poste de travail d'un salarié, délégué syndical et représentant syndical auprès du CE ».

Quelques illustrations du délit d'entrave

À titre d'exemple, ont été reconnus par les tribunaux comme constitutifs d'un délit d'entrave :

- le refus de l'employeur d'organiser des élections des délégués du personnel ;
- l'absence de consultation du CE alors que la loi l'impose ;
- l'absence d'information ou l'information incomplète du CE dans les domaines prévus par la loi ;
- le licenciement d'un représentant du personnel sans respect de la procédure légale ou en passant outre à un refus d'autorisation ;
- l'absence de versement au comité d'établissement de la subvention de fonctionnement ou le refus d'indiquer à un comité d'établissement le montant de la masse salariale brute sur lequel doit être calculée cette subvention ;
- le fait pour l'employeur, à la suite d'un accident grave survenu dans son entreprise, de ne pas réunir le CHSCT dans le plus bref délai possible afin d'analyser les causes de cet accident et proposer, le cas échéant, des mesures

propres à en prévenir le renouvellement, alors que la loi l'y oblige ;
- le retrait par l'employeur d'une affiche apposée sur le panneau d'affichage syndical ;
- le refus de mettre à disposition un local syndical, etc.

Procédure et sanctions

L'entrave au fonctionnement des institutions représentatives du personnel étant considéré comme un délit, le tribunal correctionnel est compétent. La décision rendue par le tribunal peut faire l'objet d'un appel et l'arrêt de la cour d'appel peut faire l'objet d'un pourvoi en cassation.
Le délit d'entrave est puni d'un emprisonnement d'un an ou plus et/ou d'une amende de 3 750 €. En cas de récidive, l'emprisonnement peut être porté à deux ans et l'amende à 7 500 €.
En matière de délit, la prescription étant de trois ans, le délit d'entrave est donc prescrit dès lors qu'il se sera écoulé au moins trois ans depuis le jour où il a été commis. Par application des règles de la procédure pénale, cette prescription se trouve toutefois interrompue par tout acte d'instruction ou de poursuite intervenant à l'intérieur de ce délai de trois ans, comme, par exemple, un procès-verbal dressé par l'inspecteur du travail ou une plainte déposée entre les mains du juge d'instruction.

➔ *Depuis le 1er janvier 2006, compte tenu de la suppression par la loi n° 2004-204 du 9 mars 2004, du caractère spécial (également appelé « principe de spécialité ») de la responsabilité des personnes morales, toute personne morale peut être poursuivie et condamnée pour toute infraction à la législation sociale commise, pour son compte, par un de ses organes ou représentants (gérant de SARL, conseil d'administration de société anonyme, assemblée générale, etc.), y compris pour toute entrave à la mise en place et au fonctionnement des institutions représentatives du personnel ou à l'exercice du droit syndical.*
Le délit d'entrave peut également donner lieu à une action civile (demande de dommages intérêts) en réparation du préjudice, étant précisé que seules les personnes physiques et morales ayant personnellement subi un préjudice directement causé par l'infraction peuvent exercer cette action civile en réparation de leur dommage.

Le calcul et l'attribution des sièges

FICHE 9

Le nombre de représentants du personnel à élire varie selon la taille de l'établissement ou de l'entreprise. L'attribution des sièges se fait selon les règles du scrutin proportionnel à la plus forte moyenne.

Un nombre variable de représentants élus selon la taille de l'entreprise

Le nombre de délégués du personnel et de représentants du personnel au CE à élire varie selon la taille de l'établissement ou de l'entreprise. Il est élu autant de suppléants que de titulaires. Ce nombre qui est fixé par le Code du travail peut être augmenté par accord collectif.

La règle du scrutin proportionnel à la plus forte moyenne

■ L'attribution des sièges se fait selon les règles du scrutin proportionnel par application du quotient électoral. Ce quotient est égal au nombre total de suffrages valablement exprimés divisé par le nombre de sièges à pourvoir. Chaque liste reçoit autant de sièges que le nombre de voix qu'elle recueille contient le quotient électoral.

■ S'il reste des sièges à attribuer, ils le sont sur la base de la plus forte moyenne.

➔ *Les bulletins blancs ou nuls ne sont pas considérés comme des suffrages valablement exprimés.*

Exemple

Inscrits : 70

Nombre de sièges à pourvoir : 3

Suffrages valablement exprimés : 68

Résultats du vote :

	Liste A	Liste B	Liste C
Candidat n° 1	30 voix	21 voix	12 voix
Candidat n° 2	28 voix	19 voix	
Candidat n° 3	25 voix		

1) Attribution des sièges par application du quotient électoral

Calcul du quotient électoral : nombre total de suffrages valablement exprimés/divisé par le nombre de sièges à pourvoir soit : 68/3 = 22,66.

Moyenne des voix de chaque liste (elle s'obtient en divisant le nombre total de voix obtenu par tous les candidats d'une liste par le nombre de candidats présentés par cette liste) :

- *liste A : 83/3 = 27,66 ;*
- *liste B : 40/2 = 20 ;*
- *liste C : 12 janvier = 12.*

Chaque liste reçoit autant de sièges que le nombre de voix (moyenne de liste) qu'elle recueille contient le quotient électoral soit :

- *pour la liste A : 27,66/22,66 = 1 ;*
- *les listes B et C n'atteignent pas des moyennes assez élevées (respectivement 20 et 12) pour obtenir un siège. Il reste donc deux sièges à pourvoir qui doivent être attribués à la plus forte moyenne.*

2) Attribution du deuxième siège à la plus forte moyenne

La plus forte moyenne est calculée en divisant le nombre de voix obtenues par le nombre de sièges déjà attribués à la liste, augmenté d'une unité, soit :

- *pour la liste A : 27,66/(1 + 1) = 13,83 ;*
- *pour la liste B : 20/(0 + 1) = 20 ;*
- *pour la liste C : 12/(0 + 1) = 12.*

C'est donc la liste B qui obtient la plus forte moyenne.

Elle se voit attribuer le deuxième siège.

3) Attribution du troisième siège à la plus forte moyenne
L'opération précédente est renouvelée en prenant en compte l'attribution du deuxième siège à la liste B.
Ainsi, la plus forte moyenne est :
- *pour la liste A : 27,66/(1 + 1) = 13,83 ;*
- *pour la liste B : 20/(1 + 1) = 10 ;*
- *pour la liste C : 12/(0 + 1) = 12.*

C'est donc la liste A qui obtient la plus forte moyenne.
Elle se voit donc attribuer le troisième siège.

Résultats des élections :
- *liste A : 2 sièges.*
- *liste B : 1 siège.*
- *liste C : aucun siège.*

Proclamation des résultats

Les résultats des élections sont proclamés par le bureau de vote qui indique nominativement les élus avec le nombre de voix obtenues.

Lorsque le nom d'un candidat a été raturé, les ratures ne sont pas prises en compte si leur nombre est inférieur à 10 % des suffrages valablement exprimés en faveur de la liste sur laquelle figure le candidat ; dans ce cas, les candidats sont proclamés élus dans l'ordre de présentation. À l'inverse, si le nombre de ratures est égal ou supérieur à 10 %, la désignation des élus se fait en fonction du nombre de voix obtenues par chaque candidat (ordre de préférence exprimé par les électeurs).

➔ *Le procès-verbal des élections est transmis dans les quinze jours, en double exemplaire, par l'employeur à l'inspecteur du travail. Il est également transmis au prestataire choisi par le ministère du Travail, chargé de la centralisation des résultats électoraux* (voir coordonnées p. 14).

FICHE 10 Le vote par voie électronique

L'élection des délégués du personnel et celle des représentants du personnel au CE peut se dérouler par voie électronique (vote électronique), sur le lieu de travail ou à distance, dès lors qu'un certain nombre de conditions sont réunies, au premier rang desquelles l'existence d'un accord collectif le prévoyant.

Nécessité d'un accord collectif

Le recours au vote électronique n'est possible que si un accord d'entreprise ou un accord de groupe comportant un cahier des charges respectant les prescriptions minimales énoncées ci-dessous, le prévoit. Lorsqu'un tel accord est conclu, le protocole d'accord préélectoral doit le mentionner ainsi que, le cas échéant, le nom du prestataire choisi pour mettre en place le vote électronique. Le protocole d'accord préélectoral comporte également, en annexe, la description détaillée du fonctionnement du système retenu et du déroulement des opérations électorales.

➔ *La mise en place du vote électronique n'interdit pas le vote à bulletin secret sous enveloppe si l'accord collectif visé ci-dessus n'exclut pas cette modalité. Dans une telle situation, l'ouverture du vote au scrutin secret sous enveloppe n'a lieu qu'après la clôture du vote électronique. Le président du bureau de vote dispose, avant cette ouverture, de la liste d'émargement des électeurs ayant voté par voie électronique.*

Conception et mise en place du dispositif

La conception et la mise en place du système de vote électronique peuvent être confiées à un prestataire choisi par le chef d'entreprise sur la base d'un cahier des charges contenant les prescriptions réglementaires énoncées par l'article R. 2314-9 du Code du travail.
Le système retenu doit assurer la confidentialité des données transmises, notamment de celles des fichiers constitués pour établir les listes électorales des différents collèges, ainsi que la sécurité de l'adressage des moyens d'authentification, de l'émargement, de l'enregistrement et du dépouillement des votes.

Le système de vote électronique doit pouvoir être scellé à l'ouverture et à la clôture du scrutin.

➔ *Le système de vote électronique, préalablement à sa mise en place ou à toute modification substantielle de sa conception, est soumis à une expertise indépendante, destinée à vérifier le respect des prescriptions énoncées ci-dessus. Le rapport de l'expert est tenu à la disposition de la Commission nationale de l'informatique et des libertés (CNIL).*

La mise en œuvre du système de vote électronique est opérée sous le contrôle effectif, tant au niveau des moyens informatiques centraux que de ceux éventuellement déployés sur place, de représentants de l'organisme mettant en place le vote. Toutes les mesures sont prises pour leur permettre de vérifier l'effectivité des dispositifs de sécurité prévus.

➔ *Les articles 4 et 5 de l'arrêté du 25 avril 2007 (JO du 27 avril) précisent respectivement, pour chaque fichier ou liste (fichiers des électeurs, listes électorales, listes d'émargement, etc.), les données qui doivent être enregistrées et les destinataires ou catégories de destinataires de ces informations.*

Obligations de l'employeur

L'employeur doit :

- mettre en place une cellule d'assistance technique chargée de veiller au bon fonctionnement et à la surveillance du système de vote électronique, comprenant, le cas échéant, les représentants du prestataire qui a conçu et mis en place le système ;
- tenir informé les organisations syndicales de salariés incluses dans le périmètre de l'accord prévoyant le recours au vote électronique et qui sont représentatives de l'accomplissement, par lui-même, des formalités déclaratives préalables auprès de la CNIL ;
- mettre à la disposition de chaque salarié une notice d'information détaillée sur le déroulement des opérations électorales ;
- faire en sorte que les représentants du personnel, les délégués syndicaux et les membres du bureau de vote bénéficient d'une formation sur le système de vote électronique retenu.

En présence des représentants des listes de candidats, la cellule d'assistance technique mise en place par l'employeur *(voir ci-dessus)* :

- procède, avant que le vote ne soit ouvert, à un test du système de vote électronique et vérifie que l'urne électronique est vide, scellée et chiffrée par des clés délivrées à cet effet ;

• procède, avant que le vote ne soit ouvert, à un test spécifique du système de dépouillement, à l'issue duquel le système est scellé ;
• contrôle, à l'issue des opérations de vote et avant les opérations de dépouillement, le scellement de ce système.

Établissement des listes électorales

Les listes électorales sont établies par l'employeur. Le contrôle de la conformité des listes importées sur le système de vote électronique aux listes électorales transmises, le cas échéant, au prestataire est effectué sous la responsabilité de l'employeur. L'intégration et le contrôle des candidatures sont effectués dans les mêmes conditions.

Déroulement du vote

Le vote électronique se déroule, pour chaque tour de scrutin, pendant une période délimitée.
Les heures d'ouverture et de fermeture du scrutin électronique doivent pouvoir être contrôlées par les membres du bureau de vote et les personnes désignées ou habilitées pour assurer le contrôle des opérations électorales.
Pour se connecter sur place ou à distance au système de vote, l'électeur doit se faire connaître par le moyen d'authentification qui lui aura été transmis, selon des modalités garantissant sa confidentialité. Ce moyen d'authentification permettra au serveur de vérifier son identité et garantira l'unicité de son vote. Il est alors impossible à quiconque de voter de nouveau avec les mêmes moyens d'authentification.
L'électeur accède aux listes de candidats et exprime son vote. Son choix doit apparaître clairement à l'écran ; il peut être modifié avant validation. La transmission du vote et l'émargement font l'objet d'un accusé de réception que l'électeur a la possibilité de conserver.

➔ *Tout électeur atteint d'une infirmité le mettant dans l'impossibilité de voter peut se faire assister par un électeur de son choix.*

Le vote est anonyme et chiffré par le système, avant transmission au fichier « contenu de l'urne électronique ». La validation le rend définitif et empêche toute modification.
Aucun résultat partiel n'est accessible pendant le déroulement du scrutin. Toutefois, le nombre de votants peut, si l'accord le prévoit, être révélé au cours du scrutin.

Une fois le vote terminé, l'employeur (ou, le cas échéant, le prestataire qu'il a retenu) doit conserver sous scellés, jusqu'à l'expiration du délai de recours *(voir ci-dessous)* et, lorsqu'une action contentieuse a été engagée, jusqu'à la décision juridictionnelle devenue définitive, les fichiers supports comprenant la copie des programmes sources et des programmes exécutables, les matériels de vote, les fichiers d'émargement, de résultats et de sauvegarde. La procédure de décompte des votes doit, si nécessaire, pouvoir être exécutée de nouveau.

➔ *À l'expiration du délai de recours ou, lorsqu'une action contentieuse a été engagée, après l'intervention d'une décision juridictionnelle devenue définitive, l'employeur ou, le cas échéant, le prestataire procède à la destruction des fichiers supports.*

Gestion des incidents techniques

Tout système de vote électronique doit comporter un dispositif de secours susceptible de prendre le relais en cas de panne du système principal (un « bug informatique ») et offrant les mêmes garanties et les mêmes caractéristiques. En cas de dysfonctionnement informatique résultant d'une attaque du système par un tiers, d'une infection virale, d'une défaillance technique ou d'une altération des données, le bureau de vote a compétence, après avis des représentants de l'organisme mettant en place le vote, pour prendre toute mesure d'information et de sauvegarde et notamment pour décider la suspension des opérations de vote.

Clôture du scrutin et dépouillement

Dès la clôture du scrutin, le contenu de l'urne, les listes d'émargement et les états courants gérés par les serveurs sont figés, horodatés et scellés automatiquement sur l'ensemble des serveurs.
Le dépouillement n'est possible que par l'activation conjointe d'au moins deux clés de chiffrement différentes sur les trois qui doivent être éditées, selon les modalités fixées par l'arrêté du 25 avril 2007 (JO du 27 avril 2007).
Le décompte des voix apparaît lisiblement à l'écran et fait l'objet d'une édition sécurisée afin d'être porté au procès-verbal.
Le système de vote électronique est scellé après le dépouillement afin de garantir l'impossibilité de reprendre ou de modifier les résultats après la décision de clôture du dépouillement.

FICHE 11 Le congé de formation économique, sociale et syndicale

Le congé de formation « économique, sociale et syndicale » permet à tout salarié qui le souhaite de participer à des stages ou sessions de formation économique et sociale ou de formation syndicale. Ces formations peuvent comprendre des actions à caractère technique, juridique et historique.

Ces stages sont nécessairement organisés :
- soit par des centres rattachés à des organisations syndicales de salariés reconnues représentatives sur le plan national ;
- soit par des instituts spécialisés.

La liste des centres ou instituts, dont les stages ou sessions ouvrent droit au bénéfice du congé, est établie chaque année par arrêté ministériel (pour 2009, arrêté du 3 décembre 2008, JO du 11 décembre).
La durée du congé de formation économique, sociale et syndicale est en principe de douze jours par an pour chaque salarié. Elle peut être portée à 18 jours pour les animateurs de stages et de sessions ainsi que pour les salariés appelés à exercer des responsabilités syndicales.

Enfin, le congé peut être fractionné en un ou plusieurs congés d'une durée au moins égale à deux jours.

Les salariés concernés

Le congé de formation économique, sociale et syndicale est ouvert à tous les salariés – sans aucune condition d'ancienneté – de toutes les entreprises, quels que soient la forme juridique, le secteur d'activité professionnelle et l'effectif de celles-ci.

Les limites (cas général)

Le nombre de jours susceptibles d'être pris chaque année au titre du congé de formation économique, sociale et syndicale ainsi que le nombre annuel des bénéficiaires sont limités en fonction de la taille de l'établissement.
Attention : entrent en compte dans ces calculs non seulement les jours pris dans le cadre du congé de formation économique, sociale et syndicale et le nombre des bénéficiaires, mais également la durée et les salariés absents au titre du :

- congé de formation économique des membres du CE ;
- congé de formation des membres du CHSCT.

Nombre total de jours de congé susceptibles d'être pris annuellement par l'ensemble des salariés de l'établissement

Effectif de l'établissement	Nombre de jours maximum de congé
• 1 à 24	•12 jours
• 25 à 499	• 12 jours de plus par tranche supplémentaire* de 25 salariés
• 500 à 999	• 12 jours de plus par tranche supplémentaire* de 50 salariés
• 1 000 à 4 999	• 12 jours de plus par tranche supplémentaire* de 100 salariés
• 5 000 et plus	• 12 jours de plus par tranche supplémentaire* de 200 salariés

** ou fraction de tranche*

Nombre maximum de salariés pouvant être simultanément absents

Effectif de l'établissement	Nombre maximum de salariés simultanément absents
1 à 24 salariés	1 seul salarié
25 à 99 salariés	2 salariés
100 salariés et plus	2 % de l'effectif

Exemples

■ *Dans un établissement de 20 salariés, un seul bénéficiaire peut utiliser 12 jours dans l'année au titre d'un congé de formation économique, sociale et syndicale, d'un congé de formation économique des membres titulaires du CE ou d'un congé de formation des membres du CHSCT.*

■ *Dans un établissement de 345 salariés, le nombre maximum de jours de congé ouverts dans l'année est égal à : 12 jours (pour la tranche de 1 à 24 salariés) + 156 jours (de 25 à 345 salariés = 13 tranches de 25 salariés x 12 jours), soit un total de 168 jours.*
Ces 168 jours peuvent être utilisés dans le cadre du congé de formation économique, sociale et syndicale, et des autres congés visés ci-dessus.

Les limites spécifiques

Des quotas particuliers sont applicables pour les animateurs de stages et les responsables syndicaux.
Ainsi, dans les établissements employant moins de 24 salariés, le nombre maximum de jours de congé est porté de 12 à 18 jours. Par ailleurs, dans les établissements occupant plus de 49 salariés, le total des jours de congé pris à ce titre par les salariés intéressés ne doit pas excéder 50 % de l'ensemble des

jours de congé de formation économique, sociale et syndicale ouverts dans l'établissement.

La procédure

■ La demande du salarié

Au moins trente jours à l'avance, le salarié présente une demande écrite d'autorisation d'absence à l'employeur.
Cette demande doit indiquer avec précision la date et la durée du congé ainsi que le nom de l'organisme responsable du stage ou de la session.

■ La réponse de l'employeur

Le bénéfice du congé de formation économique, sociale et syndicale est de droit pour tout salarié qui en remplit les conditions d'ouverture.
Dans l'hypothèse où les quotas collectifs sont atteints, l'employeur est en droit de reporter la demande de congé à une date ultérieure : les demandes ainsi reportées sont ensuite prioritaires.
Enfin, l'employeur peut refuser le congé s'il estime que l'absence du salarié peut avoir des conséquences préjudiciables à la bonne marche de l'entreprise. Dans ce cas, il doit – avant de prononcer la décision de refus – consulter et obtenir l'avis conforme du CE (ou, s'il n'existe pas, des délégués du personnel). La décision de refus est motivée et notifiée à l'intéressé dans un délai de 8 jours à compter de la réception de la demande.

Le refus de l'employeur peut être directement contesté par le salarié devant le bureau de jugement du conseil des prud'hommes (qui est ici saisi et statue en dernier ressort selon les formes applicables au référé).

Le défaut de réponse de l'employeur dans le délai de huit jours vaut acceptation. Ce consentement tacite ne peut alors en aucun cas être retiré, sous peine de sanction pénale.

La possibilité d'un maintien de la rémunération

En principe, les salariés bénéficiaires d'un congé de formation économique, sociale et syndicale n'ont pas droit, pendant le congé, au maintien de leur salaire.
Toutefois, dans les entreprises d'au moins dix salariés, ces congés doivent donner lieu à une rémunération par les employeurs à hauteur de 0,08 ‰ de la masse salariale brute versée pendant l'année en cours. Le salarié bénéficie ainsi d'un droit potentiel à rémunération, sans garantie du montant exact de celle-ci.

Les employeurs de dix salariés et plus peuvent alors déduire – dans cette limite de 0,08 ‰ – les salaires correspondants du montant de la participation des employeurs au financement de la formation professionnelle continue.
Des accords ou conventions collectives peuvent prévoir des dispositions plus favorables en matière de maintien de la rémunération (complément de salaire, extension aux entreprises de moins de dix salariés, etc.).

➔ *Le CE, les organisations syndicales peuvent prendre en charge les frais afférents à la formation (coût pédagogique, frais de déplacement, etc.). De même, certaines conventions ou accords collectifs de travail contiennent des dispositions organisant la prise en charge de ces frais.*

FICHE 12 Le CHSCT dans les entreprises à hauts risques industriels

Le rôle des CHSCT est renforcé dans les entreprises à hauts risques industriels. Le CHSCT dispose également d'attributions particulières dans les établissements comportant une ou plusieurs installations nucléaires de base (voir articles L. 4523-4 du Code du travail).

Un droit à l'information

Dans les établissements comportant une ou plusieurs installations soumises à autorisation de l'État en raison des risques qu'elle présente (installation « Seveso seuil haut » ou installation de stockage souterrain de produits dangereux), les documents établis par l'employeur à l'intention des autorités publiques chargées de la protection de l'environnement sont portés à la connaissance du comité d'hygiène, de sécurité et des conditions de travail par le chef d'entreprise. Le CHSCT peut faire appel à un expert lors de cette information.

Le CHSCT est consulté sur le dossier de demande d'autorisation d'installation dans le délai d'un mois suivant la clôture de l'enquête publique. Il émet un avis qui est adressé au préfet par le président du CHSCT dans un délai de 45 jours suivant la clôture du registre de l'enquête publique. Il est, en outre, informé par le chef d'établissement des prescriptions imposées par l'État. Le CHSCT peut faire appel à un expert avant de rendre son avis. Le CHSCT est également consulté sur la liste des postes de travail liés à la sécurité de l'installation. Cette liste est établie par le chef d'établissement. Elle précise, le cas échéant, les postes :

- qui ne peuvent pas être confiés à des salariés sous contrat de travail à durée déterminée ou sous contrat de travail temporaire ;
- qui doivent être occupés par les salariés de l'établissement ;
- dont les tâches exigent la présence d'au moins deux personnes qualifiées.

En outre, le CHSCT doit être informé à la suite de tout incident qui aurait pu entraîner des conséquences graves. Il peut procéder à l'analyse de l'incident et proposer toute action visant à prévenir son renouvellement.

Le recours à un expert

Le CHSCT peut faire appel à un expert lorsque sont portés à sa connaissance les documents établis par l'employeur pour une demande d'autorisation

d'installation classée à hauts risques et lorsqu'il est consulté sur cette demande. Il peut également faire appel à un expert en cas de danger grave en rapport avec une installation de ce type.
Les frais d'expertise sont à la charge de l'employeur. Si le chef d'entreprise conteste la nécessité de l'expertise, son coût, son étendue ou son délai, le litige est porté devant le président du tribunal de grande instance qui statue en urgence.
L'employeur ne peut s'opposer à l'entrée de l'expert dans l'établissement. Il lui fournit les informations nécessaires à l'exercice de sa mission.

Une composition élargie

Dans les établissements comprenant au moins une installation classée « Seveso seuil haut » ou un stockage souterrain visée à l'article 3-1 du Code minier, le CHSCT est élargi, lorsque sa réunion a pour objet de contribuer à la définition des règles communes de sécurité dans l'établissement et à l'observation des mesures de prévention, à une représentation des chefs d'entreprises extérieures et de leurs salariés selon des conditions déterminées par une convention ou un accord collectif de branche ou une convention ou un accord collectif d'entreprise ou d'établissement, ou, à défaut, par les dispositions du Code du travail (notamment les articles R. 4523-5 à R. 4523-16).
Cette convention, cet accord ou, à défaut, les dispositions précitées du Code du travail détermine également les modalités de fonctionnement du comité ainsi élargi. Celui-ci obéit aux règles suivantes :
• la représentation des entreprises extérieures est fonction de la durée de leur intervention, de sa nature et de leur effectif intervenant dans l'établissement ;
• les salariés des entreprises extérieures sont désignés, parmi les salariés intervenant régulièrement sur le site, par le CHSCT constitué dans leur établissement ou, à défaut, par leurs délégués du personnel ou, en leur absence, par les membres de l'équipe appelés à intervenir dans l'établissement ;
• le chef d'établissement et les chefs des entreprises extérieures prennent respectivement toutes dispositions relevant de leurs prérogatives pour permettre aux salariés désignés d'exercer leurs fonctions ;
• les représentants des entreprises extérieures disposent, au sein de ce CHSCT « élargi » d'une voix consultative ;
• le CHSCT peut inviter, à titre consultatif et occasionnel, tout chef d'une entreprise extérieure ;
• les réunions ont lieu au moins une fois par an, et à chaque fois qu'une personne extérieure intervenant dans l'établissement est victime d'un accident ayant entraîné ou ayant pu entraîner des conséquences graves.

Des moyens supplémentaires

Dans les entreprises comprenant au moins une installation classée à hauts risques, le CHSCT dispose de moyens supplémentaires.

- Le nombre de membres de la délégation du personnel au CHSCT est augmenté par voie de convention collective ou d'accord entre le chef d'entreprise et les organisations syndicales reconnues comme représentatives dans l'entreprise. Cette disposition vise à créer une obligation de négociation en vue de la majoration conventionnelle du nombre de membres de la délégation du personnel, l'ampleur de cette majoration étant laissée à l'appréciation des partenaires sociaux.
- Le crédit d'heures accordé aux membres pour exercer leurs fonctions est majoré de 30 %.

Une formation spécifique

Les représentants du personnel au CHSCT, y compris les représentants des salariés des entreprises extérieures, bénéficient d'une formation spécifique correspondant à des risques ou facteurs de risques particuliers, en rapport avec l'activité de l'entreprise.

Les conditions dans lesquelles cette formation est dispensée et renouvelée peuvent être définies par convention ou accord collectif de branche ou par convention ou accord collectif d'entreprise ou d'établissement.

Un contrôle élargi à la sous-traitance

Le CHSCT est consulté avant toute décision de sous-traiter une activité, jusqu'alors réalisée par les salariés de l'établissement, à une entreprise extérieure appelée à réaliser une intervention pouvant présenter des risques particuliers en raison de sa nature ou de la proximité de l'installation.

Un comité interentreprises de santé et de sécurité au travail (CISST)

Dans le périmètre d'un plan de prévention des risques technologiques établi en application du Code de l'environnement, un comité interentreprises de santé et de sécurité au travail (CISST) est mis en place par le préfet. Il assure la concertation entre les CHSCT des établissements comprenant au moins une installation à hauts risques industriels (installation « Seveso seuil haut » ou installation de stockage souterrain de produits dangereux). Ce comité a pour mission de contribuer à la prévention des risques professionnels susceptibles

de résulter des interférences entre les activités et les installations des différents établissements.
Le CISST, présidé par le directeur départemental du travail (ou son représentant), est composé :
• du président de chacun des CHSCT des entreprises concernées ;
• de représentants des salariés, à raison d'un membre titulaire et d'un membre suppléant désignés, en son sein, par la délégation du personnel de chacun des CHSCT.
Les représentants du personnel au CISST sont désignés pour une durée de 3 ans, renouvelable.

➔ *Le mandat d'un représentant du personnel au CISST prend fin s'il cesse d'être représentant du personnel au CHSCT de son établissement. Dans ce cas, il est procédé à son remplacement.*

Le CISST se réunit au moins une fois par an, ainsi qu'à la demande motivée d'un tiers de ses membres.
Les inspecteurs du travail, les inspecteurs des installations classées, les présidents et secrétaires des CHSCT d'autres établissements situés dans le périmètre du plan des risques technologiques ainsi que toute personne extérieure susceptible d'éclairer les débats peuvent être invités aux réunions du CISST.
Le CISST est informé, par le préfet, des dispositions du plan de prévention des risques technologiques.

Les chefs d'établissements concernés doivent communiquer au CISST toutes les informations utiles à l'exercice de ses missions, et notamment :
• la politique de prévention des accidents majeurs qu'ils conduisent ;
• les systèmes de gestion de la sécurité mis en œuvre dans chaque établissement et les résultats des contrôles de ces systèmes, audits et revues de direction, organisés par les chefs d'établissement ;
• les risques d'accidents majeurs, identifiés comme susceptibles d'affecter les établissements voisins comportant des installations classées ;
• les plans d'urgence et les exercices relatifs à ces plans d'urgence ;
• les enseignements tirés du retour d'expérience des établissements concernés ;
• les projets de modification ou d'extension des installations à l'origine du risque, le plus en amont possible.

➔ *Les membres du comité peuvent émettre des observations, des préconisations et proposer des actions de prévention.*

Collaboration rédactionnelle
Cabinet Bertrand Couette
Direction générale du travail

Maquette
Studiodes**plantes**

Coordination éditoriale et secrétariat d'édition
Philippe Brulin

Mise en page
Nadine Vallein

Ministère du Travail, des Relations sociales, de la Famille, de la Solidarité et de la Ville
Délégation de l'Information et de la Communication (Dicom)

Achevé d'imprimer par Corlet, Imprimeur, S.A. - 14110 Condé-sur-Noireau
N° d'Imprimeur : 122734 - Dépôt légal : juillet 2009 - *Imprimé en France*